東日本大震災から10年

再生・発展における課題の分析

経済分析とメンタルケアの視点から

今後の震災に備えた政策提言！

［編著者］
廣野　桂子
矢口　和宏

［著　者］
矢尾板俊平
野坂　美穂
若林真衣子
生駒　　忍
亀谷　祥治
坂本　直樹

大成出版社

まえがき

　東日本大震災後の復興を、時間軸に沿って、「復旧期」、「再生期」、「発展期」の段階でとらえると、東北地方においては、復旧期はおおむね終了した段階だといえようが、その後の再生期、発展期に向けての課題が多く残されている。すなわち、再生や発展に向けて、復興住宅の整備、産業再生、震災後のまちづくりといったハード面の問題だけではなく、生活環境やメンタルヘルスの健全化といったソフト面の問題に目を向けて対処していかなければならない。

　本書の目的は、復旧期を終えた東北被災県における、復興政策の改善について、経済や産業、住宅、まちづくり、メンタルヘルス（精神保健）、医療・介護といった点から提言することである。

　東北地方の復興に必要な要素としては、以下のようなことが挙げられる。

　(1)生産年齢人口の流出による人手不足の解消と復興事業に関連する技能を持った人材の確保、(2)企業の事業資金の不足、住民の生活資金の不足、自治体の財源不足を緩和すること、(3)東北地方で生産する製品・サービスへの需要の創出、(4)効率的で、かつ、安全な都市計画、(5)耐震化された安全な住宅、(6)ソーシャルビジネスによるコミュニティの基盤の再生、(7)被災者へのこころのケアや QOL（Quality of Life：人生の質）を高めるようなメンタルヘルスの改善、(8)震災後に起きた経済的格差や無力感を原因とするアルコール依存や自殺への対策、(9)自然災害の地域間のリスクシェアリングを行うこと。

　これらのテーマをより詳細にみていくと、第一に、資本ストックの復旧に伴うコスト負担を可能な限り抑える必要がある。すなわち、必要な資材などの価格高騰の抑制や安定的な人材の確保が課題である。第二に、復旧後の経済を持続的に発展させることが重要である。特に東北地方は、もともと雇用機会の不足による人材流出、高齢化、財政難などの克服すべきさまざまな問題があった

が、震災がこれらをより一層深刻にさせた。第三に、復興支援に寄与する資金援助のあり方を検討する必要がある。具体的には、各種補助金や事業資金の融資、さらに生活に困窮する人々への金銭的な生活支援が重要である。これらの資金的な援助は、復興のやる気を削ぐようなものであってはならない。これらの課題を着実に実行し、かつ、東北のポテンシャルを活かしながら、未来に向かって永続的な需要が期待できる新しい産業を東北発で展開していくことが不可欠である。

　震災後の都市計画やまちづくりの方向性は、被災地の多くは高齢化率が高く人口減少地域であることを踏まえれば、社会資本整備の財政面からみて効率的で、安全な中心部への集中をはかるコンパクトシティが望ましい。このまちづくりは効率的であると同時に、津波災害の危険がある沿岸部から中心部への移転を促進する安全なまちづくりである。

　今回の震災において特徴的なのは、生活インフラの復旧に当たって地域をこえた支援の連携がみられたということである。被災地からの避難や被災地への物資輸送においては、震災によって甚大な被害を受けた太平洋側の交通ネットワークと代替する日本海側の交通ネットワークが存分に利用されたことで、その重要性が再認識されたところである。このように、自然災害リスクの高いわが国においては、災害によるリスクを地域間で分かち合うというリスクシェアリングの考え方を踏まえた制度設計、あるいは、全体からみた効率性の観点も重要である。

　また、産業の復興は、政府や自治体だけでなく、ソーシャルビジネスを展開する企業やNPOによっても促進される。行政は支援を求められればサポートできるが、NPOは自分たちから支援の手を差し伸べることができる。

　住宅を耐震化するには費用が必要であり、費用に比べて十分な賃料収入が得られるのかという意味で、住宅の耐震化工事に収益性が必要である。住宅の耐震化工事に収益性があるかどうかを判断し、もし、それに収益性がない場合に

は、収益性があるように住宅の耐震化を促進するための政策も考える必要がある。

　また、東日本大震災という未曾有の天災により、ある人は大切な人を亡くし、ある人は今までの「生活」をなくし、ある人は故郷をなくし、他にも人々が受けたストレスは計り知れない。いまだ避難生活を続ける被災者のなかには心身の不調を訴えている人も多い。まちの復興を進めるうえで、そのまちに住む人々のこころのケアは必須の課題である。さらには、震災によって生活基盤を失った人の中には、まちの復旧とは比例せずに、新しい雇用先や住宅もみつからずに無力感にさいなまれている人も多い。そのような人たちの中には、アルコール中毒に陥る人や、最悪では命を絶つ人もいる。このような精神的な障害への対処も重要な課題である。

　以上のような観点から、本書では、第一に、東日本大震災の経済分析という新規性が高い分野の研究の成果を所収している。第二に、震災後の復旧、復興策を経済学で分析する際に必要な手法やモデルを提示した。第三に、上記の分野における課題を解決し、経済主体の行動を促すような、住民からニーズがあり、地方自治体にとってメリットがある政策について考察した。第四に、被災地と関連が深い経済学者や福祉心理学者（精神保健福祉士）が現場を重視した目線で、復興に必要な産業や雇用の諸施策、さらに再生期・発展期を支える資金援助について、被災地の実態に即した政策提言を行った。また、精神的な問題で、震災への対処方法について論じた。第五に、震災後の都市計画といった効率的な経済政策の運営をもたらす手法とは何か、すなわち、防災や減災に配慮した都市計画と災害が生じた際の地域間連携のあり方を論じている。第六に、住宅の耐震化工事が収益性のある工事となるような補助金の要件についても考察を加えてみた。第七に、ソーシャルビジネスによる産業とコミュニティの復興の可能性についても言及した。第八に、震災後に人々が抱える心身の不調と、その継続的な支援ネットワークのあり方について分析した。

各章でみた本書の貢献は、第一に、震災からの復興策を多面的に分析している。復興に直接関係することとして、復興に向けての産業や雇用の問題、それを支援する資金援助・調達の方法、さらには被災地で注目されている水産業復興特区や農業の6次産業化を分析している（第2章）。第二に、産業とコミュニティを復興するに当たって、ソーシャルビジネスが果たすことができる役割について探った（第3章）。さらには、安全性と財政上の効率性が両立するまちづくりのモデルや災害の発生に備えた地域間リスクの最適配分を提示し、それらがもたらす社会や経済への効果についても分析している（第4章、第9章）。第三に、自治体の財政上の運営から効率的であり、このため、実行される可能性が高い都市整備の方法を紹介していること（第4章）、第四に、住宅の耐震化については、企業の収益に注目し、それゆえ、実効性がある政策の提言を行っていること（第8章）、第五に、震災の経済分析を行う理論モデルを提供したこと（第9章）、そして、第六に、震災にかかわるメンタルヘルスの問題に対する対処法を議論していること（第5章、第6章）である。また、第七に、医療とうつ病の人たちへのメンタルケアと、食事で被災者を支え、西洋医学の医師だけでなく、介護の専門家や、漢方や針・灸を扱う専門職の紹介を行うセンターのフィージビリティー・スタディーの手法を、財務分析の手法を用いて提供したことである（第7章）。

　本書は、東日本大震災のみならず、今後震災が発生した場合に備えて一般に適用できる方策を所収している。

　本書の出版を引き受けてくださり、編集に当たっての適切なアドバイスなどでお世話になった大成出版社の大塚徳治氏に感謝の意を表したい。

2020年5月

編著者　廣野桂子

同　　矢口和宏

東日本大震災から10年
再生・発展における課題の分析
―経済分析とメンタルケアの視点から―

目　次

まえがき

第1章

震災の状況と再生・発展への課題

1. はじめに

　東日本大震災の発生から9年が経過した。震災後、日本は被災地の復旧・復興という大きな課題をかかえることとなった。これに対して政府は、震災直後に「東日本大震災復興構想会議」を設立し、6月末には「復興への提言～悲惨の中の希望～」を発表した。この提言では復興の基本的なビジョンが示され、被災地の復旧だけではなく、震災を契機に新しい地域社会の構築を目指すという姿勢が強調された。そして、政府は7月末に、より具体的な施策を盛り込んだ「東日本大震災からの復興の基本方針」を発表した。

　復興の基本方針では、復旧・復興の時間軸、担い手、財源といった施策を展開するうえで必要なことを、具体的な施策内容として示している。この基本方針が被災自治体の復旧・復興計画にも反映されることになり、震災後、被災自治体では地域の特性を活かしつつも、独自の復旧・復興計画が策定された。復興の基本方針では復興期間を10年に設定し、震災後の5年間を集中復興の期間と位置づけた。集中復興期間の予算規模は約19兆円であり、2013年度予算以降は25兆円まで膨らんだ。その手当ては複数回にわたる補正予算、復興特別会計の設置、復興交付金の活用、さらには復興関連の新税や公債発行というさまざまな手段を通じて行われた。この期間は、震災瓦礫の処理、破壊されたインフラの復旧、被災者の生活支援、仮設住宅や災害公営住宅の整備などが集中的に

実施され、復旧はほぼ達成された[1]。

　復旧がほぼ達成されたとなれば、今後は震災からの復興が課題となるが、それは地域の再生と発展につながるプロセスである。ここで地域の発展とは、ただ震災以前の状態に戻ることをあらわすものではない。震災以前よりも経済力や住みやすさが向上するとともに、震災以前には見られなかった新しい姿を志向するという意味がある。そのような見解は政府の「『復興・創生期間』における東日本大震災からの復興の基本方針」にもみられる。政府では2016年度から2020年度までを『復興・創生期間』として、10年間の復興期間の総仕上げとして設定している。そこでは、国の地方創生のモデルになるような復興の実現を目指すことが志向されている。ただし、震災以前より発展した地域をつくるためには、新しいビジョンに基づいたまちづくりや、従来の延長上とは異なる発展志向の復興策が求められる。それらを実行するには、多くの課題が存在する。

　まず課題としてあげられることは、復興政策の目標や手段といった政策実施上の問題である。特に、発展を志向した政策を実施するには、政策目標や手段が被災地住民の十分な合意を得られるかという問題が生じる。このことは、復興策に限らず、何か新しい政策を実施するうえでは必然的に生じる問題である。人々が思い浮かべる復興の姿はさまざまであるから、被災地住民との衝突も避けられないであろう。

　次に、被災者の生活支援も重要な課題となる。被災者の生活支援は復旧段階の問題と認識されやすいが、いまだ震災から立ち直れない人がいるのも事実である。震災の被害は被災地住民に平等に起こるのではなく、特定の人たちに被害が集中する傾向がある。今でも震災から立ち直れない人を無視するならば真の復興はありえず、それは経済効率性だけを重視した復興にしかならない。それを克服するためにも、住宅、医療・福祉関連の施策や被災者のメンタルケアは、復興段階においても重要な課題になる。実際、政府の復興・創生期間の基

本方針においても、心身のケアをはじめとした被災者支援は重要な課題に位置づけられ、政府は50もの対策からなる「被災者支援（健康・生活支援）総合対策」を策定している。

このように、震災は複合的に問題が生じる事象であるから、効率性を追求する復興策を実施するだけではなく、公平性の追求や被災者の生活に根ざした復興策も必要になる。それゆえ本書では、震災からの再生・発展に伴う諸問題を多方面から分析している。具体的には、経済、ソーシャルビジネス、医療・福祉、メンタルヘルス（精神保健）、災害被害の地域的拡散を抑えるためのリスクシェアリングにかかわる諸問題をとりあげ、震災後の再生と発展を志向した課題や復興策の考察を行っている[2]。このような多方面からの検討が本書の大きな特徴である[3]。

本章は本書の導入部として、これまでの震災の被害状況を示したうえで、東日本大震災の被災地である宮城県と、平成28年熊本地震の被災地である熊本県の復旧・復興計画を後の章と関連する部分を中心にして紹介する。その際には、両県民の意識調査の結果も紹介する。さらには、復旧・復興策の政策過程にかかわる論点を示して、震災後の再生と発展に向けての課題を論じる。そして最後に、本書の各章の概要と特徴、動機を紹介する。

2．震災の被害状況

本書は主に東日本大震災からの復興を取り上げる。以下では、東日本大震災の被害状況の概要だけでなく、他の地震との比較も考慮し、阪神・淡路大震災と平成28年熊本地震の概要についても示している（表1－1）。

3つの地震では、それぞれの被害状況に特徴がみられる。1995年に起きた阪神・淡路大震災は都市直下型地震であり、観測史上震度7が初めて適用された地震である。被災地域は兵庫県の都市部が中心であり、都市型震災の特徴を有している。被害の状況は、建物の倒壊や大規模火災であり、6,000人以上が建

表 1 － 1　各地震の被害状況

	阪神・淡路大震災	東日本大震災	平成28年熊本地震
発生年月日	1995年 1 月17日	2011年 3 月11日	2016年 4 月16日
地震の規模	マグニチュード 7.2	マグニチュード 9.0	マグニチュード 7.3
震度 6 弱以上の県	兵庫県	8 県（岩手、宮城、福島、茨城、栃木、群馬、千葉、埼玉）	熊本県、大分県
災害救助法の適用	25市町	241市区町村	45市町村
被災地域の特徴	都市部中心	農林水産地域中心（特に沿岸部）	熊本県内全域（山間部も含む）
被害の特徴	建築物の倒壊、神戸市長田区を中心にして大規模火災が発生	大津波により沿岸部で甚大な被害が発生	死者のうち半数以上は、災害による負傷の悪化または避難生活等における身体的負担が原因
死者	6,434人	15,897人	273人
被害額の推計	約 9 兆6,000億円	約16兆9,000億円	約2.4〜4.6兆円

注 1 ：阪神・淡路大震災の死者は平成18年 5 月19日現在（消防庁確定数字）
注 2 ：東日本大震災の死者は令和 2 年 3 月 1 日現在（警察庁発表資料）
注 3 ：平成28年熊本地震は最大震度 7 を記録した地震が 4 月14日と16日の 2 回報告されており、この表に示した年月日と規模は 2 回目のものである
注 4 ：平成28年熊本地震の死者は平成31年 4 月12日現在（消防庁公表資料）
出所：消防庁「阪神・淡路大震災の被害確定について（確定報）」、警察庁「東日本大震災の被災者数（広報資料）」、植木・山口（2017）等を用いて作成。

物の倒壊による圧死で亡くなられた。死者は6,434人で被害額の推計は約 9 兆6,000億円となっている。建物の倒壊した様子は広くテレビ等で放映された。また、阪神・淡路大震災においては、それまで主としてボランティアに携わってきた人々とは異なる多くの市民が、災害ボランティアとして参加したことが注目された。その現象を契機として、震災の起きた1995年は「ボランティア元年」と呼ばれ、1998年の「特定非営利活動促進法（NPO 法）」の制定につなが

ることになった。

　2011年に起きた東日本大震災は観測史上最大の地震であり、「第二の敗戦」や「千年に一度の悲劇」といわれたことは記憶に新しい。この地震は震災の地理的範囲が広く、震度6弱以上を記録したのは8県に及んでいる。なかでも地震による被害は、被災3県といわれる岩手県、宮城県、福島県に集中している。被害の特徴は沿岸部への大津波によるものであり、津波による水死が最大の死因となっている。そのため、被災3県の中でも、沿岸部とそうでない地域では被害状況には差がみられる。また、121,995戸の住宅が全壊し、282,939戸の住宅が半壊した。

　地震による死者は15,000人を超え、被害推計額は約16兆9,000億円と、他の2つの地震と比較して大きな被害をもたらしている。ただし、この被害推計額は被害想定を過大に見積もって作成されており、この過大推計が政府の復興予算の決定に多分な影響を与え、過剰な復興予算につながっているという指摘もある[4]。

　また、東日本大震災が他の震災と大きく異なる特徴としては、第一に、東京電力福島第一原子力発電所事故の影響がある[5]。原子力発電所の近隣地域では、避難指定等で避難と移住を余儀なくされ、そのために被災者は過剰な精神的なストレスを抱えた。震災後の除染作業により被災地域の避難指示解除は拡大しているが、いまだ帰還困難区域は存在する。また、原子力発電事故に起因する風評被害は、農産物の販売減少や観光客の減少といった悪影響を与えた。

　第二に、津波被害が甚大であったので、震災後のまちづくりの中に津波対策をどう位置づけるかが問われていることである。これは、ハード面においては防潮堤の建設問題に顕著に表れている。実際、一部の自治体では防潮堤の建設側と被災地住民との間で軋轢が生じている。ソフト面においては、津波が生じたときの個人としての対処法である。これは、防災教育のあり方に関係する問題であり、その違いが被害に及ぼす影響は無視できない。

阪神・淡路大震災のときと同様、東日本大震災のときも災害ボランティアの参加者は多かった。特に首都圏など遠方からの参加者も多く、被災地への寄付ともあいまって、被災地や被災者とつながっているという意味での「絆（きずな）」という言葉が広まった。

　一方、平成28年の熊本地震では、震度 7 を記録する地震が 2 回も起きている。 1 回目は 4 月14日夜で、 2 回目は 4 月16日未明である。気象庁では、14日の地震を前震、16日の地震を本震という見解を示している。地震活動は活発で、これまでの国内の例と比較しても余震活動が多いのが特徴であり、本震では関東や北陸地方でも揺れが感じられた[6]。被害は直下型地震の特徴を有しており、建物の倒壊や土砂崩れが起こった。家屋の被害は1981年の建築基準法改正以前に建築された古い木造家屋に集中し、山間部においては道路等のインフラが破壊されたことによって交通が寸断されるという事態も生じた。死者は247人であったが、その半数以上は災害による負傷の悪化、もしくは避難生活等における身体的負担が原因によるものとされている。

3．復興の現状と復興施策について

　本節では復興の現状を把握したうえで、復旧・復興策の事例として「宮城県震災復興計画」と「平成28年熊本地震からの復旧・復興プラン」を紹介する。

⑴　復旧・復興の現状

　政府は復興期間の後半 5 年間（2016年度～2020年度）の指針として、2015年 6 月に「平成28年度以降の復旧・復興事業について」を公表した。ここでは、後半 5 年間を「復興・創生期間」と位置づけ、地域創生という観点を強くうち出した。復興予算は2011年度からの累計で32兆円の財源を確保することとした。そして、2016年 3 月には、新たな復興の基本方針として、「『復興・創生期間』における東日本大震災からの復興の基本方針」が策定された。ここでとり

あげられた事項は、①被災者支援（健康・生活支援）、②住まいとまちの復興、③産業・生業の再生、④原子力災害からの復興・再生、⑤「新しい東北の創造」である。被災者支援では、元の居住や職を失ったことによる孤独感が自殺やアルコール中毒を起こしているという問題があり、「心の復興」というメンタルヘルスに関わる取組みもとりあげられた。

　復興期間の後半5年間は、前半よりも復興が進んだ。復興庁の「復興の現状と課題」（2020年1月）によれば、震災直後に約47万人いた避難者は、2016年3月段階で17.1万人に減少し、2019年12月現在では約4.9万人まで減少した。災害公営住宅の建設は、震災から2年経過した2013年3月末段階では300戸であったが、2016年3月段階では17,000戸、2019年11月現在では30,000戸まで増加し、当初の計画がほぼ達成されるという段階に至った。

　復興は産業面においても進んだ。大震災による津波によって沿岸部の農地はかなりの被害を受けた。営農再開可能面積は震災から2年経過した2013年4月時点では38%にすぎなかったが、2016年3月段階では74%、2019年3月末段階では92%に増加した。水産加工業においても2012年3月段階では再開した施設は55%に過ぎなかったが、2016年3月段階では87%、2019年1月段階では92%が再開をしている。

　さらに観光の復興も進んだ。観光は原子力発電所事故による風評被害により大きな被害を受け、2010年を100とした東北6県の外国人宿泊者数は36にまで落ちこんだ。その後全国的なインバウンド効果もあり、2016年では128、2018年では255に達し、被災地においても外国人観光客の姿は日常の光景となった。

　なお、復興庁の設置期限は2020年度であり、昨年政府は「『復興・創生期間』後における東日本大震災からの復興の基本方針（2019年12月20日閣議決定）」を策定するなど、復興・創生へ向けた動きは新しい展開を迎える。

(2) 宮城県震災復興計画

　東日本大震災後、宮城県では「宮城県震災復興会議」を立ち上げ、2011年10月には「宮城県震災復興計画」を発表した。復興計画の基本理念は、1）災害に強く安心して暮らせるまちづくり、2）県民一人ひとりが復興の主体・総力を結集した復興、3）「復旧」にとどまらない抜本的な再構築、4）現代社会の課題を解決する先進的な地域づくり、5）壊滅的な被害からの復興モデルの構築である。

　計画期間は2020年度（令和2年度）までの10年間であり、2011年度から13年度までを復旧期、2014年度から17年度までを再生期、2018年度から20年度までを発展期としている。このように時間軸を設定し、復旧期、再生期、発展期といったプロセスで宮城県の復興計画は策定されている。早急な復旧を望むべく緊急重点事項としては、被災者の生活支援やライフラインの早期復旧など7項目があげられている。これら7つの緊急重点事項でとりあげられているものは、生活を震災前の水準に戻すという意味での生活再建にかかわる復旧策としての性格を有している。そして、復興計画では震災前の水準に戻るといった復旧にとどまらない、抜本的な再構築としての復興策を掲げ、再生と発展につながる施策を掲げている（表1-2）。

表1-2　宮城県震災復興計画における復興のポイント

①	災害に強いまちづくり宮城モデルの構築
②	水産県みやぎの復興
③	先進的な農林業の構築
④	ものづくり産業の早期復興による「富県宮城の実現」
⑤	多様な魅力を持つ観光の再生
⑥	地域を包括する保健・医療・福祉の再構築
⑦	再生可能なエネルギーを活用したエコタウン形成
⑧	災害に強い県土・国土づくりの推進
⑨	未来を担う人材の育成
⑩	復興を支える財源・制度・組織の構築

出所：宮城県（2011）より作成

これらの復興策で注目を浴びたのは、②の「水産県みやぎの復興」でとりあげられている「水産業復興特区」構想である。この構想では水産業に対する民間資本の全面的な導入が検討されている。また、①の「災害に強いまちづくり宮城モデルの構築」では沿岸部の職住分離や高台移転の諸施策が示されており、⑦の「再生可能なエネルギーを活用したエコタウン形成」ではコンパクトシティ構想につながる考え方が示されている。

　再生期をむかえた現在では、震災復興基本計画をふまえた「宮城の将来ビジョン・震災復興・地方創生実施計画」を策定している。ここでは、7分野ごとに、目標指標、行動方針、目標達成のための個別取組を示している。7分野の内訳は、「1環境・生活・衛生・廃棄物、2保健・医療・福祉、3経済・商工・観光・雇用、4農業・林業・水産業、5公共土木施設、6教育、7防災・安全・安心」である。

⑶　平成28年熊本地震からの復旧・復興プラン

　平成28年熊本地震をうけ、熊本県では蒲島郁夫県知事を本部長とした「平成28年熊本地震復旧・復興本部」を設置し、2016年8月には「平成28年熊本地震からの復旧・復興プラン」を発表した[7]。このプランで掲げられている基本理念は、「県民の総力を結集し、将来世代にわたる県民総幸福量を最大化する」ことである。

　ここでは、主に平成28年度の取組みとして、1）くらし・生活の再建、2）社会基盤の復旧、3）地域産業の再生、4）交流機能の回復があげられている。そして、おおむね4年間の取組みとしては、新たな熊本の創造に向けた4つの基本的方向性を掲げ、13の施策をあげている（表1−3）。

　①では生活支援、医療・福祉にかかわる施策があげられており、住宅の耐震化や地域包括ケアの構築といったことが示されている。②では都市整備やまちづくりにかかわる施策があげられている。③では主に産業政策にかかわる施策

があげられており、従来からの県の主要産業である農林水産業の活性化や、地域資源を活かした観光産業への施策等が示されている。④ではアジアに開くゲートウェイ化をはかるための空港、港の機能向上にかかわる施策があげられている。

表1-3　平成28年熊本地震からの復旧・復興プランの基本的方向性（おおむね4年間）

①	安心で希望に満ちた暮らしの創造　～安心・希望を叶える～
②	未来へつなぐ資産の創造　～未来の礎を築く～
③	次代を担う力強い地域産業の創造　～地域の活力と雇用を再生する～
④	世界とつながる新たな熊本の創造　～世界に挑み、世界を拓く～

出所：熊本県（2016）より作成

4．復旧・復興策の政策実施過程の問題

　前節では宮城県と熊本県の復旧・復興計画の概要を紹介したが、これらの計画を実施するに当たってはさまざまな問題が生じる。本節では、計画の実施過程で重要になる3つの論点をあげ、震災からの再生と発展に向けた分析を行ううえでの政策的な諸問題を考察する[8]。

(1)　復旧・復興策の時間軸のとらえかた

　被災地の復旧・復興計画は、復旧策を短期的な課題、復興策を中長期的な課題として設定することが多い。この考え方は震災直後の政府の復興構想会議の議論においてあらわれた。そこでは「本格復興に至る道筋を明らかにするため、例えば、10～20年にわたる期間を見込んだ中長期的ビジョンの下で、短期（応急期）、短中期（復旧期）、中長期（復興期）の各段階に応じた施策の方向性を提示する必要がある」と述べ[9]、時間軸を意識した復旧・復興策を提示することの重要性を指摘している。この考え方は、政府の基本方針にも踏襲され、震災からの5年間を集中復興期間、その後の5年間を復興・創生期間とし

て設定し、前者を復旧、後者を復興として位置づけている。

　このように、時間軸を区切って復旧・復興策を展開することは方法論としては正しい。「宮城県震災復興計画」や「平成28年熊本地震復旧・復興本部」でも言葉こそ異なるが、基本的には短期的な復旧策と中長期的な復興策から成っており、時間軸を意識した復興計画を策定している。しかし、被災者の生活支援や生活再建といった問題は、復旧だけでなく復興にもかかわる問題である。生活再建が整わない状況下では、将来ビジョンを語るような復興策は被災地の住民や企業には素直に受け入れられない。この点については、被災地では生活再建が何よりも重要であり、生活再建なくしては復興はみえないという主張もある[10]。短期、中長期という時間軸の設定は必要であるが、実際の復旧策と復興策は明確に区分できるものではない。

　宮城県では行政評価の一環として県民意識調査を行っているが、そこから優先するべき施策に関する住民意識のデータが得られる。2019年の調査では、優先するべき施策として「被災者の良好な生活環境の確保」や「恒久的な住宅での安定した生活に向けた支援」をあげている回答の割合は高い[11]。これらの問題は復旧的な側面であるが、復興につながる問題でもある。これらの問題が置き去りにされる限り、地域の再生と発展を見込んだ復興策への理解も得られることはない。

⑵　**復旧・復興策は震災を踏まえているか**

　被災自治体の復旧・復興計画は共通して復旧・復興策を網羅的に掲げている。震災の被害は範囲、量とも莫大であり、多方面にわたる政策が必要になることに疑いはない。しかし、真に必要な復旧・復興策は何かという視点からみれば、復旧・復興策が網羅的になることで重点的にやるべきことを見失うことにもつながる。

　宮城県を例にとれば、「宮城県震災復興計画」の復興のポイントの②から⑤

に該当する部分は、農業、水産業のあり方、製造業を中心とした経済の発展と雇用創出、観光県みやぎの推進にかかわる施策が掲げられている。これらの施策は、震災の被害をこえた地域の再生と発展を見越した意味での復興にかかわるものであり、復興策の中心を占める。ただし、これらの問題は既に震災前から県の問題として認識されており、いくつかの諸施策は震災前から実施されていたものなので、とりたてて新しいものではない。

　震災前より宮城県では、県が第三次産業、特にサービス業依存の支店経済的な性格を有していることを問題としてとりあげ、そのような性格からの転換をはかるためにも農業、水産業、製造業の発展を重視してきた。震災後においてもその方向性は変わらず、むしろその思いを強くしている[12]。そのことを踏まえれば、震災復興策は従前からの政策課題の強化を図る絶好の機会になった。この解釈を踏まえれば、宮城県の復興計画は従来から存在した政策課題に加え、災害、エコタウン、新エネルギーに関する施策を付加したものだという見方もできる。

　ただし、従前からある政策課題やまちづくりへの取組みが、真の意味での復興策となるかは別の問題である。その意味においては、宮城県だけでなく、多くの自治体でも復旧・復興策は緊急的に行われるべき施策を除けば、従前からある政策課題をそのまま踏襲し、そこに震災という装飾をつけただけのものになってしまう可能性を帯びている。一見、多方面にまたがる復興策を展開しているように見えるが、内実はこれまでの諸施策の踏襲であり、真の復興策なき復興に陥る危険性さえ秘めている。

(3)　市場と政府の役割

　復旧・復興策を実施するうえでは、政府の役割が過度に期待されるところがある。震災という事態をかんがみれば、緊急的な処置に対しては政府にしかできない役割があるのは事実である。しかし、復旧・復興策は、必ずしも政府だ

けにしか実施できないというものではない。

　このことは政府による「復興の基本方針」にもあらわれている。そこでは、民間の力による復興が重要なことだとあげられているが、具体的には、民間の資金・ノウハウを活用したファンドやPPP（官民連携）、さらにPFIや土地信託手法による復興の促進が示されている。また、NPOやボランティア、さらには地域コミュニティを支えてきた消防団や民生委員などの活動を促進することも課題としてあげている。このように、復興に当たってはすべて政府が全面的に登場する必然性はない。

　実際、PPPやPFIに関しては、政府は2013年6月に「PPP／PFIの抜本改革に向けたアクションプラン」を公表し、10年間（2013年から2022年）で12兆円規模に及ぶ事業を重点的に推進することとした。震災関係では、「復興の基本方針」をふまえ、2012年度から2018年度までの5年間の支援事業として「震災復興官民連携支援事業」を創設した。

　ここでは、地方公共団体が震災復興に関係する官民連携事業を検討した場合、その事業の実施や検討のための調査費用を国が全額支援することにした。応募事業の選定は、外部有識者からなる「官民連携事業推進委員会」の意見をふまえて実施された。事業の実施や検討の調査は、事業実施のための初期費用になるものであり、調査によっては事業自体の撤退も考慮しなければならない。そのため、この初期費用には不確実な部分があるので、政府による支援はふさわしいといえる。

　国土交通省の「震災復興官民連携支援事業事例集」（2017年7月）によれば、5年間で56件の事業が選定された。支援金額は総額で825百万円であり、支援類型としては公営住宅他が8件、まちづくりに関係する事業が15件、都市公園が10件、道の駅・PAが7件、その他の事業が16件である。このように、災害公営住宅や都市公園といった公共的なインフラにも官民連携は採り入れられており、政府だけによる復興を目指すものではない。官民連携は市場と政府の役

割分担という点では重要な視点を提供する。

　この点に関しては経済政策と社会政策の区別が重要である。経済政策は地域の経済力の強化を目標にしたものであり、施策としては産業育成や雇用の誘発、さらには特区を含めた規制緩和があげられる。一方で、社会政策は被災者の生活再建にかかわるものであり、所得補償や住宅提供があげられる。この両者は決して対立するものではない。「経済政策＝市場志向・競争原理、及び社会政策＝災害弱者支援は二者択一ではなく、「相互補完的」であり、言わば経済政策と社会政策は復興の両輪なのである」という指摘が適切である[13]。

　このように、政策のスタンスとしては経済政策と社会政策の区別を図ることが重要であり、ここに市場と政府の役割を加味すれば、経済政策は市場中心で政府は補完的な役割に徹し、社会政策は政府が前面に出て中心的な役割を担うことが必要になる。そのため、再生・発展期においては、被災地の経済活動にまで政府が特別な保護を続ける必然性はない。また、経済政策と社会政策は復興の両輪であるということは、復旧策と復興策は同時に進めなければならないことを示し、前述したとおり、復興の時期においても復旧策は必要なことをあらわしている。

5．本書の構成

　本書は本章のほかに８つのテーマから構成されており、その多くは経済学的な手法を用いた実証的な分析を行っている。引き続き、第２章では、産業復興とそのための資金援助と調達の問題に焦点を当てている。ここでは、宮城県と熊本県の産業復興策である水産業復興特区と農業の６次産業化の推進が抱える問題点を論じている。さらには、公費に頼ることのない資金調達・援助の方法である「ふるさと投資」に着目し、その利点と普及のための課題を論じている。

　第３章では、ソーシャルビジネスの特徴や利点を論じ、政府に頼ることなく

民間企業が「商い」を通して社会的価値の創出を担えることを示している。また、東日本大震災の被災地でのソーシャルビジネスの事例を紹介し、現場へのヒアリング調査をふまえ、ソーシャルビジネス推進のための政策提言を行っている。ここでは、被災地における供給制約による経済循環の縮小といった問題に対処するためにも、ソーシャルビジネスを通じた「商売」の有効性を主張している。

　第4章は、都市整備やまちづくりのあり方について取りまとめている。ここでは、コンパクトシティにそった復興まちづくりと沿岸部の防潮堤問題に重点を置いている。被災地住民への意識調査によれば、コンパクトシティには支持が得られ、防潮堤には反対の意見が多い。それを踏まえたうえで、コンパクトシティ推進のための課題と、防潮堤に頼ることの限界を論じている。また、東北地方沿岸部における古くからの慣習や先人の知恵を紹介し、これらが今でも津波防災への有用な教訓になっていることを示す。

　第5章から第7章は、被災者にとって重要なメンタルヘルス（精神保健）と医療・福祉にかかわる問題に焦点を当てている。これらの問題は、政府の復興・創生期間の基本方針における「被災者支援（健康・生活支援）総合対策」に関係する問題であると同時に、政府が主導的な役割を担う社会政策的な側面をもっており、被災者の生活支援、再建に直結する。

　このうち、第5章は、震災におけるこころのケアの諸相をとりあげることで、こころのケアの現実の可視化を図っている。被災者には心的外傷後ストレス障害（PTSD）をはじめとするさまざまな心理的問題が生じ、今もなお苦しんでいる人も少なくない。これらに対する支援策として、サイコロジカル・ファーストエイド（PFA）などの有用なアプローチを紹介し、被災経験から得られた支援のあり方の提言を行っている。

　続く第6章では、精神保健福祉分野の視点から、東日本大震災の被災者のアルコール依存の問題に焦点を当てている。震災から1年が経過した段階で、ア

ルコール依存症に関する相談件数は増加して現在も続いている。震災による自宅の消失、家族との別れ、雇用の喪失に起因するアルコール依存は、強制的な断酒という対策が難しいことに加え、アルコール依存の支援者にも「燃えつき」に近い疲労感を生じさせている。そのためにも、精神保健の専門家による支援がアルコール依存には重要になることを主張している。

　第7章は、臨床宗教師に代表される医療・介護ハイブリッド型統合医療に関するコンセプトの議論を紹介し、そのために必要な設備投資に関する経済性計算の手法を議論している。本章で提示する経済性計算手法は一般性があり、これにより実現可能性の高い復興需要、復興プロジェクトの企画・立案に関する知見、計算技術を獲得することが可能になる。

　第8章は、住宅の耐震化についてとりあげている。住宅の耐震化は、人命を守るうえでは必須である。また、住宅が耐震化されていないと外部不経済が発生するため、政策による補助が必要になる。ここでは、賃貸住宅の耐震化が進まない要因を探っている。そして、賃貸住宅を耐震化することで人々がどれくらいの賃料の増加を支払う用意があるのか、それによって、住宅の耐震化工事は、住宅を貸す企業にとって収益的であるのかを計る。そのうえで、補助金の額の設定方法についての提案を行っている。

　最後に第9章では、災害被害の地域的広がりとそのリスクを抑えるためのリスクシェアリングの方法について論じている。東日本大震災では被災地の工場などの生産施設が破壊され、それがサプライチェーンの寸断につながり、被害は他地域にも及んでいる。その被害状況を応用一般均衡分析によって、数値的に求めているのが本章の特徴である。また、自然災害のリスクマネジメントとしての保険の機能に着目し、その効果と限界の分析を行っている。

6．本書の特徴

　本書の第一の特徴は、経済学の分野だけでなく、多方面からのアプローチが

あることである。具体的には、経済・産業、地域のソーシャルビジネス、まちづくり、住宅、医療・介護、メンタルヘルス（精神保健）の観点から震災からの再生発展をとりあげていることである。この点において、類書にみられる特定の分野によるアプローチとは異なっている。例えば、斉藤（2015ａ）は、経済学の各分野からのアプローチはあるが、医療・介護やメンタルヘルスには視点を置いていない。

　より詳細にみると、経済学からのアプローチの面では、齊藤（2015ｂ）は、被害額の想定や原発危機に関する政策当局の認識と現実とのずれについて分析を行っている。また、玄田（2015）は、震災後の雇用対策とその効果を扱っている。本書の第２章、第４章、第８章、第９章は、それぞれ、震災後の産業政策およびまちづくりと住宅政策、地域間の連携について分析している。経営学からのアプローチである第３章についていえば、震災後のソーシャルビジネスに関する章を含む本は、本書が初めての試みである。第７章の統合医療センターの財務分析も、他の文献に見当たらない。さらに、心理学からのアプローチによる第５章、第６章については、震災後の被災者のメンタルヘルスに関する章を含む本も、初めてである。よって、本書の第二の特徴は、新規性が高いことである。

　第三の特徴は、震災復旧を終えて、これからの再生、発展に焦点を当てていることである。被災地においては、震災瓦礫処理、仮設住宅の整備による最低生活の確保、破壊されたインフラの整備、学校の再開といった復旧段階での課題はおおむね終了している。これからは、中長期的な課題として、産業復興（新規のビジネスの創出も含む）、震災後のまちづくり、復興住宅の整備と耐震化に向けての住宅整備、震災による心の病からの脱出といった課題に直面している。一例として、宮城県の震災復興計画では、復旧期（2011年度〜13年度）、再生期（2014年度〜17年度）、発展期（2017年度〜20年度）に分けているが、この区分によれば、本書は再生後期、さらには発展期の震災復興を意図したも

のとなっている。その意味で、復旧期や再生期に主に焦点をあてている東北大学（2012）とは対象時期が異なる。

　第四の特徴は被災地をフィールドとして研究活動を行っている、ないしは、東日本大震災当時に被災地在住であり、その後も被災地域との関係を保持している執筆者が 6 名もいることである。このような意味で、本書は、東北発の震災に関する研究成果の本でもある。

　第五に、本書には、経済学、経営学、心理学を研究している著者達が、震災後の東北の復興に向けて、現状を踏まえた具体的なアイディアや政策提言を行ったところに特徴がある。したがって、本書は、理論的な分析だけでなく、実践的な内容をもっている。本書の研究成果は、今後起こりえる震災への一般的な対応方法を示唆するものである。

　震災復旧を終え、発展を見すえた再生や復興の段階になると、当面の生活支援といった緊急の課題ではなく、将来に向けてのグランドデザインが必要になる。2020年から2025年の被災地をどのようなまちにしていくのか、どのような経済基盤をもっているのかという構想を、この段階で提示していく必要がある。

　また、震災から 9 年以上が経過した今においては、「震災格差」ともいうべき現象が起こっている。いまだ、仮設住宅から抜け出せず、安定的な雇用が得られない人も多く、そのような人たちは心の病に陥っている。震災が遠のくにつれて、自分だけ取り残されたという疎外感や無力感が心の病を引き起こしている。この点は、震災復興の負の側面であり、復興が進んでいくからこそ、こういった側面があることも知らせる必要がある。

　先に示した宮城県の震災復興計画を例にとれば、2020年度で発展期は終わる。この段階で、これまでの震災復旧・復興を評価、検証し、メンタルヘルスの解決や被災地の発展に向けて、新たな課題や解決策を提示することも必要だと思われる。以上のような観点から、本書は執筆された。

<注>

⑴　東京電力福島第一原子力発電所の事故に見舞われた地域では、いまだ帰還困難区域があり、復旧段階にあるといってよいところもある。

⑵　本書に掲載している論文の概要は「5．本書の構成」で示している。

⑶　本書よりも多数の執筆者が参画し、東日本大震災からの復旧・復興策を多方面から検討しているものに、伊藤・奥野・大西・花崎編（2011）がある。また、岩田（2011）、佐藤・小黒（2011）は、震災後早い段階で、経済的な視点から復旧・復興策のあり方を論じている。また、経済復興政策研究委員会（2013）は、本書の執筆者（矢尾板俊平、矢口和宏）も参加した政策提言集である。

⑷　原田（2011）や斉藤（2015）が代表的な文献である。

⑸　齊藤（2015ａ）は、前述したように震災の被害額推計は過大であることを指摘するが、原子力発電所事故の影響は過少評価であると指摘している。

⑹　植木・山口（2017）は平成28年熊本地震の特徴を手際よく解説している。

⑺　その後、10月、12月と2回ほど改訂された。

⑻　矢口（2013）131〜137頁を参考にしている。

⑼　東日本大震災復興構想会議「これまでの審議過程において主に出された主な意見〜「復興構想7原則」と「5つの論点」〜」（http://www.cas.go.jp/jp/fukkou/pdf/kousou7/omonaiken.pdf）、2011年5月29日、2頁による。

⑽　関谷（2011）37頁による。

⑾　宮城県「令和元年県民意識調査結果報告書」による。有効回収数は1,934通で、調査期間は2019年11月28日から12月23日までである。

⑿　村井（2011）127頁〜129頁による。

⒀　佐藤・小黒（2011）64頁による。

<参考文献>

伊藤滋・奥野正寛・大西隆・花崎正晴編『東日本大震災復興への提言』東京大学出版会、2011年。

岩田規久男『経済復興：大震災から立ち上がる』筑摩書房、2011年。

植木英樹・山口岳史「平成28年（2016年）熊本地震の特徴と被害特性についての考察」『熊本都市政策（平成28年熊本地震特集号）』vol. 4、2017年3月、15−28頁。

熊本県「平成28年熊本地震からの復旧・復興プラン」、2016年8月（10月、12月改訂）。

玄田有史『危機と雇用―災害の労働経済学―』岩波書店、2015年。

国土交通省総合政策局「震災復興連携支援事業事例集」2017年7月。

政策研究フォーラム経済復興政策研究委員会「東日本大震災からの復興・再生のための政策提言」政策研究フォーラム報告書、2013年4月。

齊藤誠『震災復興の政治経済学－津波被災と原発危機の分離と交錯』日本評論社、2015年a。

齊藤誠編著『震災と経済』東洋経済出版社、2015年b。

佐藤主光・小黒一正『震災復興：地震災害に強い社会・経済の構築』日本評論社、2011年。

関谷登「生活再建が産業再生への道筋―地域の産業復興と雇用確保をどうするか―」『改革者　2011.6』2011年6月、34－37頁。

東北大学経済学研究科地域産業復興プロジェクト編『東日本大震災復興研究Ⅰ』南北社、2012年。

原田泰『震災復興欺瞞の構図』新潮新書、2012年。

宮城県「震災復興計画～宮城・東北・日本の絆　再生からさらなる発展へ～」2011年10月。

宮城県「令和元年県民意識調査結果報告書」2020年3月。

村井嘉浩『復興に命をかける』PHP研究所、2012年。

矢口和宏「復旧・復興策の政策実施過程における論点」『公共選択』第59号、2013年2月、126－142頁。

第2章
復興に向けての産業復興と資金援助・調達

1. はじめに

　震災が生じることによって、被災地の産業活動は停滞する。産業活動の停滞は地域経済の低迷を引き起こすとともに、生活の糧となる雇用の喪失をもたらす。また、被災地外においても、震災によるサプライチェーンの寸断は、被災地域外の産業に負の影響をもたらす[1]。このような状況からも、産業活動の活性化は、被災者の生活支援と同様に喫緊の課題となる。

　さらには、震災前以上の発展を志向する震災復興のためには、以前よりも産業活動を活発にするような産業復興関連策が必要になる。その際に問われるのは、震災前の産業構造や産業支援のための政策手段を変えず、ただ量的な拡大を通して復興を目指すのか、それとも、震災前とは異なる産業政策を実施し、従来とは異なる産業活動を志向するのかである。もし後者の途をとるのであれば、果たして、新しく描く産業のビジョンは被災地の復興に適合しているのか、産業支援のための政策手段にはどのような施策が必要なのか、そのための資金援助・調達をどうやって行うのかという問題に対処していかなければならない。

　特に東日本大震災や2016年に起きた熊本地震の被災地では、農水産業がそれらの地域の主要な産業となっており、自治体による復興計画でも、農水産業の復興の必要性が主張され、それに関連する諸施策があげられている。そのため

被災地の産業復興は、従来からある伝統的な産業をいかに再生、発展していくかが問われている。

　本章では、被災地の産業復興施策について検討し、その有効性を検討する。そして、産業復興施策の財源にかかわる問題として、資金援助・調達の問題についての検討を行う。特に、宮城県の「水産業復興特区」と、資金援助・調達の手段として熊本県があげている「ふるさと投資」に着目することで、震災からの発展を目指した産業復興の問題を考察する。

２．震災による産業と雇用への影響

　本節では、東日本大震災が産業と雇用に与えた影響を既存の経済統計から確認することで、大震災が与えた経済的な影響を把握する。

⑴　被災３県の産業被害

　東日本大震災の被災３県（岩手県・宮城県・福島県）の産業被害を確認するため、ここでは鉱工業指数（生産）の動きをみる（図２－１）。

　震災が生じた2011年３月の指数は被災３県では大きく減少した。その内訳は、岩手県が66.3、宮城県が48.7、福島県が66.0であり、全国の指数は90.1である。震災直前の2011年２月の指数は、岩手県が103.6、宮城県が104.4、福島県が102.3であり、全国の指数は94.0であった。

　これらの指数をみると、震災後の経済的な落ち込みは宮城県が一番大きく、指数でみるとおよそ56も減少している。岩手県と福島県でも落ち込みは大きく、指数でみるとおよそ35から40の間で減少している。また、これら被災３県では2010年７月よりも2011年２月の指数は大きかった。その一方で、全国の指数は2010年７月よりも下回っている。全国平均で比較すれば、３県が比較的好調だった時期に大震災が起きたことがわかる。

図2－1　東日本大震災の被災３県の鉱工業指数（生産）の推移

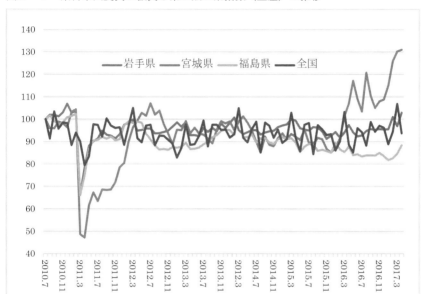

注：2010年7月を100とした。
出所：経済産業省「鉱工業指数（生産）・季節調整済指数」より作成

　震災以後の鉱工業指数（生産）は、岩手県と福島県ではほぼ同じ動きを示しており、１年後の指数は岩手県が99.8、福島県が98.3となっており、震災後の１年でほぼ生産水準が回復した。その一方で宮城県は、震災後は他の２県と比較して生産水準の回復が遅れたが、2012年５月から９月の指数は100を超え、他の２県と比較して指数の増加は大きくなっている。この点からみると、宮城県の震災後の経済状況は回復こそ他の２県に遅れたが、復興需要とも思われる盛り上がりは他の２県と比較して大きかったといえる。

⑵　被災３県の雇用状況

　被災３県の雇用状況を確認するため、完全失業率の推移をみる。図２－２は2010年第１四半期から2017年第２四半期までの完全失業率の推移である。東日

本大震災が起きたのは、2011年第１四半期の終わりである。全国的には2010年第１四半期から失業率は低下傾向にあるが、被災３県もその傾向は変わらずに低下傾向にある。

図２－２　東日本大震災の被災３県の完全失業率の推移（単位：％）

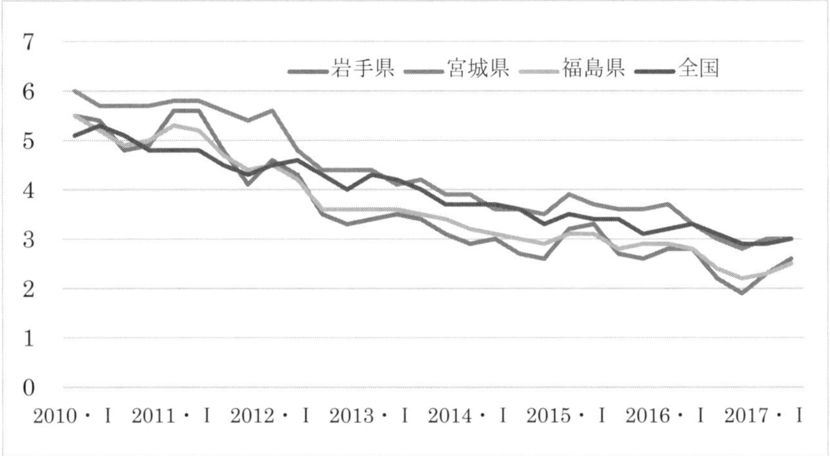

注：2011第１四半期から第３四半期までの数字は補完推計値を用いた値である
出所：総務省「労働力調査」より作成

　被災３県を個別にみると、宮城県の失業率は震災前には全国の数字よりも高かったが、震災後は2012年以降低下傾向に入り、現在では全国とあまり変わらない。岩手県と福島県は、2012年第２四半期以降は全国よりも低い失業率となっている。このように、失業率でみる限り、被災３県は特別に高いという状況にはない。この状況は産業の被害も受けたが、復興需要による雇用増加があったことを示唆している。その点は雇用の需給状況をあらわす有効求人倍率にもあらわれている（図２－３）。

　被災３県の有効求人倍率の推移をみると、震災半年前の2010年の数字は全国が0.56、岩手県が0.48、宮城県が0.48、福島県が0.46であった。震災前の被災３県の有効求人倍率は全国よりも低く、労働市場は緩和している状態にあった。震災後は被災３県の数字はさらに落ち込み、全国と比較しても有効求人倍

率は低くなった。

　しかし、2012年に入ると被災3県の有効求人倍率は上昇する。全国的にも求人倍率は上昇したが、被災3県の上昇程度は大きかった。特に、宮城県と福島県の上昇程度は大きかった。2012年の1年間の平均でみると、全国は0.8であったが、岩手県は0.89、宮城県は1.04、福島県が0.96であった。

　2013年に入っても有効求人倍率の上昇は続く。全国平均は0.93であったが、岩手県は1.06、宮城県は1.26、福島県では1.27であった。同様に、2014年は全国の平均が1.09のところ、岩手県は1.10、宮城県は1.28、福島県が1.45であった。2016年後半以降は、宮城県と福島県の有効求人倍率は落ちついてきており、全国と比較してもあまり変わらない状況となっている。

図2-3　東日本大震災の被災3県の有効求人倍率の推移

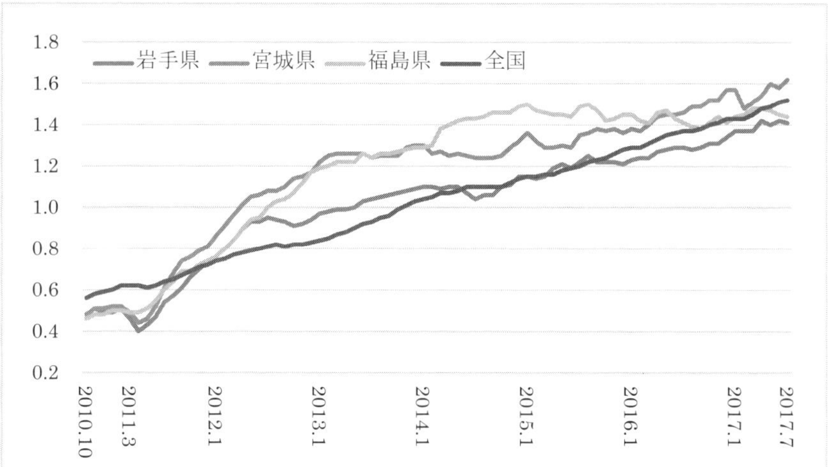

注：有効求人倍率の数字は季節調整値
出所：厚生労働省「一般職業紹介状況（職業安定業務統計）」より作成

　これまで、産業と雇用の状況を経済指標からみてきたが、震災直後には鉱工業指数は減少し、完全失業率と有効求人倍率も悪化した。しかし、2011年の後半からはこれらの指標が改善の方向に向かい、2012年に入るとその傾向は顕著

になった。2012年第2四半期以降は、全国平均と比較しても産業と雇用の状況は改善していった[2]。以上みてきたように、当面の初期復旧はおおむね達成されたといえ、政府が定めた震災後5年間の集中復興期間の成果は、経済指標でみる限りにおいてはほぼ達成されたといえる。そのため、今後はより地域の発展を志向した産業復興に課題が移っていく。

なお、これらの数字はあくまでも地域全体を概観したものであるから、個別の産業や業界をみれば、停滞が長く続いているところがあるのも事実である。特に、風評被害と呼ばれる状況を考慮すれば、観光業に与えた負の影響は大きかった。福島県観光交流課「観光客入込状況調査」によれば、震災1年前の2010年の県内観光客入込数は57,179千人であったが、震災のあった2011年には35,211千人に減少した。特にこの年は会津若松をはじめとする福島県内への教育旅行が激減した。その後は、NHKの大河ドラマの舞台として会津地方がとりあげられるといった現象もあったが、福島県の2012年から2014年までの観光客入込数は40,000千人台が続いた。2018年の入込数は56,336千人となったものの、いまだ震災前の2010年の水準には達していない[3]。

風評被害の問題は観光だけではなく、食に関連する農業と水産業にも影響を与えている。この問題は、多分に個人の意識にもかかわる問題であるため、経済的な施策だけで解決するものではない。そのためには、安全性の確保に関する宣伝活動等による啓蒙も重要であるが、震災後の観光業、農水産業の継続が何よりも必要である。風評被害の払拭は、産業復興が進んでいくことで成し遂げられるのである。

3. 復興のための産業政策

本節では復興のための産業政策を検討する。震災直後は震災瓦礫の処理やライフラインやインフラの復活といった復旧策が必要とされるが、それに一定の目処がたてば、被災地域の発展を目指した復興策が必要になる。産業復興は震

災後のまちづくりをどうするかといった問題とともに、復興策の中心的な位置を占める。

⑴　産業復興の段階

　震災からの産業復興を検討するに当たっては、時間的視野にたった施策案と、理想とする産業構造をどう描くかが問題になる。震災が起きるとライフラインやインフラが破壊されるので、復旧を第一に考え、それらに資源と資金を集中的に投入することに対する施策に問題はない。この段階では、公民問わず建設関連の投資と雇用が増えることから、復興需要と呼ばれる状況が生じる。前節でみたとおり、東日本大震災の直後は明らかに復興需要が生じている。あの大きな津波災害が地域経済を破壊したというイメージの裏には、復旧のための経済活動が生じていたのである。

　ただ、このような復興需要は破壊されたストックを元に戻すという形での需要増加が大半であり、新規のストックを形成するという形での需要増加ではない。東日本大震災は津波によって、多くの家や自動車が流された。そのため、震災後の住宅建設や自動車購入数が増加することで地域内の消費や投資は増えたが、それは一過性のものである。また、復興需要の段階では、どの産業をとっても、それは震災前の活動水準に戻すということであるので、より発展を見越したものではない。そのため、被災地の政策目標が震災前の水準に戻すということであれば、復興のための産業施策はとりわけ必要ではなくなる。

　もし被災地が震災前よりも発展を目指すという政策目標を掲げるのであれば、復興のための産業施策が必要になる。その際に重要なのは、従来の方法を維持し拡大するのか、それとも震災をある意味絶好の機会と捉え、従来とは違った形の方法を取り入れるのかである。従来の方法を維持し拡大するためには、積極的な資金援助が必要な政策手段となり、それが首尾よく達成されれば一定の発展は望めるかもしれない。ただ、従来の方法を踏襲するだけでは、震

災前の元に戻すという復旧と大差ない結果にしかならない。その点を踏まえれ
ば、従来とは違った形の方法を取り入れることが重要になる。震災がもたらし
た大きな被害は、従来とは変わる新しい方法を取り入れる機会ともなり得るの
で、従前の産業施策を踏襲するだけでは、真の復興にはつながらない。

　次に、上記のような分析視点に依拠しつつ、被災地の産業復興策を概観す
る。とりあげる事例は、東日本大震災の被災地である宮城県と、2016年4月に
起きた熊本地震の中心的な被災地である熊本県である。両県とも震災の中心地
であるが、震災被害の状況は異なっている。宮城県の被害は大規模な津波災害
であり、熊本県の被害は土砂災害が中心である。このような違いがあるなか、
両県の産業復興策はどのようなものであろうか。

(2)　宮城県と熊本県の産業復興策

　東日本大震災を受けて、宮城県では「宮城県震災復興会議」を立ち上げ、
2011年10月には「震災復興計画～宮城・東北・日本の絆　再生からさらなる発
展へ～」を発表した。復興計画の基本理念は、①災害に強く安心して暮らせる
まちづくり、②県民一人ひとりが復興の主体・総力を結集した復興、③「復
旧」にとどまらない抜本的な再構築、④現代社会の課題を解決する先進的な地
域づくり、⑤壊滅的な被害からの復興モデルの構築であり産業復興にかかわる
施策も盛り込まれている。復興計画の計画期間は2011年度から20年度までの10
年間であり、2011年度から13年度までを復旧期、2014年度から17年度までを再
生期、2018年度から20年度までを発展期、としている。

　宮城県が掲げる産業施策にかかわる復興のポイントとしては、①水産県みや
ぎの復興、②先進的な農林業の構築、③ものづくり産業の早期復興による「富
県宮城の実現」、④多様な魅力を持つ観光の再生があげられている。産業ごと
にみれば、農林水産業、製造業、観光業であり、これらの産業を中心とした復
興策を展開する意図が見受けられる。なかでも水産業に関しては、震災直後か

ら村井嘉浩県知事が水産業復興特区構想を掲げ、2013年には復興庁から水産業復興特区の認定を受けるに至った。

　一方、2016年4月に起きた熊本地震を受け、熊本県は2016年8月に「平成28年熊本地震からの復旧・復興プラン」を発表した。その後の改訂を受け、同年12月には「熊本復旧・復興4カ年戦略」を県議会で議決した。ここで掲げている復旧・復興プランのポイントは、①安心で希望に満ちた暮らし創造、②未来へつなぐ資産の創造、③次代を担う力強い地域産業の創造、④世界とつながる新たな熊本の創造であり、産業施策としては、農地の大区画化や農地集積といった農業施策、熊本城の復元過程を活用したツアー等による新たな誘客の促進といった観光施策のほか、自然共生型産業（アグリ・バイオ・ヘルスケア等）などの新事業創出支援やクラウドファンディングを活用した「ふるさと投資」による企業支援といった内容が掲げられている。

　宮城県と熊本県の復興に関する産業施策を比較すると、従来からある第一次産業と観光業を活用した産業施策を展開していることに共通点が見受けられる。特に宮城県は、震災前からの政策課題の延長につながるものが多いように見受けられ、震災前の課題をそのまま復興策に当てはめている様子がある。ただ、水産業復興特区というこれまでとは異なる新しいシステムを導入しており、その点では従来の施策からは一歩踏み出した復興策を採用している。その一方で、熊本県の産業施策は、従来からの産業構造を維持しつつも、新事業創出やふるさと投資の活用を打ち出しているところに特徴がある。

4. 農水産業復興の課題

(1) 宮城県と熊本県の農水産業の優位性

　前節では両県の産業復興策をみたが、両県は相対的に第一次産業に優位性をもっているので、基本的にはこれまでの産業構造を踏襲したものとなっている。とりわけ宮城県は水産業、熊本県は農業に秀でている。現状を統計から確

認すると、農林水産省の「大海区都道府県別産出額（海面漁業・養殖業）」に
よれば、2017年の海面漁業・養殖業産出額は全国で約1兆4,592億円であるが、
宮城県は約819億円であり、全国では第4位である。特に海面漁業に限れば、
全国では約9千6百億円であるが、そのうち宮城県は約560億円であり、全国
で第5位となっている[4]。農林水産省の「生産農業所得統計」によれば、2018
年の農業産出額は全国で約9兆1,283億円であるが、熊本県は約3,406億円であ
り、全国では第6位である。特に野菜に限れば、全国では約2兆3,212億円で
あるが、熊本県は約1,227億円であり、全国で第4位となっている[5]。

　このように、宮城県と熊本県は農水産業に優位性をもっている。そのため、
これらの産業が震災によってダメージを受けるということは、地域経済に与え
る影響とともに、地域の象徴的な産業の衰退という意味もある。ただ日本全体
でもそうであるように、両県とも第一次産業の産出額は他の産業と比較しても
少ない。そのため、第一次産業に傾斜した産業復興策が必要なのかという疑問
も生じる。

　ただ、政府が平成28年度からの5年間を想定した「復興・創生期間における
東日本大震災からの復興の基本方針」では、産業・生業の再生が重点課題とし
て掲げられ、観光の振興とともに、農林水産業の再生に関する施策が示されて
いる。この基本方針は、東日本大震災の被災地と同じような産業構造をもつ熊
本県においても当てはまるものであり、基本方針としては、これまで培ってき
た産業を活かすという方法がとられている。その理念を活かすのであれば、両
県は水産業や農業に資源と資金を投入して他の地域に生産物を移出し、他産業
の生産物は他の地域からの移入でまかなうことで便益を得るという産業構造を
構築する必要が生じる。

(2)　宮城県の水産業復興特区

　2011年5月、政府の復興構想会議で村井嘉浩県知事が提案した「水産業復興

特区」構想は大きな議論を呼んだ。特区構想は、①漁業権を民間に開放することで水産業に民間資本を呼び込むこと、②選択と集中により漁港の統廃合を進めて水産業の再興と雇用の増加を意図したものである。

　漁業権の民間への開放は、地元の漁業組合が独占する形となっていた漁業権を開放することで民間資本を呼び込むことを意図している。特区以前の漁業権の配分には優先順位があらかじめ決められていた。第1順位が地元の漁業組合、第2順位が地元漁民の7割以上を含む法人、第3順位が地元漁民7人以上で構成される法人で、他県の漁業従事者等の新規参入者の順位はそれら以下となっていた。水産業復興特区構想については漁業関係者からの反発もあがった。その理由としては、新規参入者が入ることで地元の漁業関係者が排除されて地場の漁業が立ち行かなくなるとか、漁業に企業はなじまないといったものである[6]。

　その後、調整は進み、被災した漁業者との連携を条件にすることで、2013年4月に全国初の水産業復興特区が国から認定された。この特区認定を受け、宮城県は2013年9月に石巻市桃浦地区の漁業者と水産卸売業を営む「株式会社仙台水産」が設立した「桃浦かき生産者合同会社」に、5年間の漁業権の免許を交付した。これにより、漁協などに納める手数料が不要となるほか、カキの販売ルートや出荷時期を自由に決めることができるようになり、会社経由で地元漁業者以外の新人社員の募集も可能になった[7]。

　ただ、この合同会社の運営が成功しているとは今の段階では言えない。地元漁業者以外の新人社員は集まったが、会社経営は累積赤字となっている。さらに2016年には、生産者と県漁協、仲買人が決めたカキ出荷の解禁日の前に出荷を始めたことで、県漁協などの関係者と軋轢を起こしたこともあった。

　漁業権は既存の漁業者にとっては既得権益として機能する。そのため、既得権益を打破するという点では復興特区は機能する。しかし、復興特区が認められて以降、民間開放の例は「桃浦かき生産者合同会社」のみであり、現状では

その合同会社も苦しい経営が続いているということは何を意味しているのか。そこには、漁業権の民間開放が水産業復興のための政策手段として適切なのかという疑問がある。

　現在の漁業政策の主な政策手段はTAC（Total Allowable Catch）と呼ばれる漁獲可能量制度で、サンマ、マアジなどの7魚種について漁獲可能量が設定されている。漁業を行いつつ漁場を持続可能な形で残すという目的を達成するため、現在の日本ではTACが主要な資源管理手法となっている[8]。この方式は、かつての商業捕鯨になぞらえてオリンピック方式と呼ばれているが、漁獲可能量が総枠で決められているために、個々の漁業者の激しい競争により安価な稚魚の乱獲が生じるという問題点がある。稚魚の乱獲は、本来であれば成魚になってより高価に取引される機会を失わせる。その意味では、TACは経済性の高い政策手段ではなく、水産業による復興という観点からは、あまり有効ではない。この安価な稚魚の乱獲という問題点を修正するのが、漁業者ごとに獲ってよい量を割り当てるIQ（Individual Quota：個別割当）方式、さらには割当量に譲渡性を持たせたITQ（Individual Transferable Quota）方式である。ただ、これらの方式では、漁業者ごとの割当量を誰が決定するのか、さらにはどのように配分するのかという問題の解決が必要となる。

　水産業の発展のためには、上記のような漁獲量に関する政策手段の検討も必要になるが、水産業復興特区にこのような視点はなく、ただ漁業権の配分方法にのみ焦点が当てられている。復興特区は水産業の発展よりかは、現状においては水産業への新規事業者参入の促進に目的が転化しており、三陸沖の漁獲方法の検討も必要になる。

⑶　熊本県の農業の6次産業化

　熊本県の農業の6次産業化に対する取組みは、積極的であった。農林水産省の「6次産業化総合調査」によれば、2017年度の農業生産関連事業の販売額は

全国で約2兆1,044億円であるが、そのうち熊本県は約781億円であり、全国で第5位の位置を占めている[9]。特に阿蘇地方は年間約1,600万人の観光客を呼び込む地域であると同時に、6次産業化の先進地域といわれた。

　熊本県が震災後に策定した「平成28年熊本地震からの復旧・復興プラン」においても、農業の6次産業化の推進がとりあげられている。そこでは、「国内外から寄せられる熊本を応援する声に応えるとともに、震災で損なわれた販路を回復するため、地産地消フェアや産地見学会等を行う地産地消協力店を支援するとともに、トップセールスや「くまもとの赤」のPRなど、県産農林水産物等の認知度向上を図ります」とか、「被災した地域の農産物の加工・販売等を行う6次産業化施設の復旧を支援します」と述べられている[10]。このように、熊本県自身は農業の6次産業化の重要性を認識しているが、ここで示しているのは基本的な方向性であり、より具体的な施策については触れられていない。

　震災からの復旧・復興策の展開には、復旧は応急的な社会政策、復興は市場性を重視した経済政策の立場で実行することが重要であることが指摘されている[11]。このことは熊本地震における農業の再生にも当てはまると考えられる。まずは経済性を重視した施策を実行するよりも、農地や農業施設の復旧が重要になる。また、6次産業化だけに適用されるものではないが、販売網や観光客の確保といった視点からも、交通網の早期復旧は必要になろう。この点については、交通網のアクセスが絶たれたことの影響は大きく、6次産業化の復興には、九州の真ん中を東西に横断する道路と鉄道網の回復がなによりも重要であるという指摘もある[12]。

5．資金援助・調達の課題

(1)　震災復興の財源問題

　産業復興策にかかわらず、震災からの復興策を進めるに当たっては財源問題が重要になる。特に、産業復興に当たっては、その中心的な主体が企業等の民

間経済主体になることからも、適切で十分な資金援助が必要になる。震災復興
だからといって、行政からの復興予算は無限にあるわけではないし、外部から
の寄付に頼り続けることにも限界がある。そのため被災地には、国からの復興
予算を効率的に用いて産業復興に当てるとともに、資金援助の財源を被災地自
身で確保することも重要な課題となる。

　被災地の震災復興計画でも、当然のように財源問題はとりあげられている。
宮城県では、「復興のためには、国、他都道府県、他市町村、民間からの人的・
物的支援が何よりも重要であり、特に災害復興交付金や地方交付税などの国に
よる財源措置が必要不可欠です」と示している[13]。また、復興の担い手となる
民間経済主体に対しては、補助金や利子補給といった財政的援助の施策を出し
ている。このように、宮城県では、基本的には行政による財政措置を中心とし
て復興策を展開するという姿勢が出ている。

　熊本県の復旧・復興プランでは、基本的には国による財政支援への明確な担
保と長期的な支援が必要なことを示している。その一方で、3節で示したよう
に、クラウドファンディングを活用した「ふるさと投資」による企業支援と
いった施策も掲げられている。県のプランでは「震災で被災した企業の復旧・
復興のための資金調達や更なる事業発展を後押しするため、平成28年度にファ
ンド組成の取組みを促進し、クラウドファンディングを活用した「ふるさと投
資」の利用拡大による被災企業の復興を進めます」と示している[14]。次に、ふ
るさと投資による資金援助・調達の課題について論じる。

⑵　ふるさと投資による資金援助・調達

　ふるさと投資は、地域活性化小口投資とも呼ばれるもので、産業復興のため
の資金援助・調達の問題に対しては注目に値するものである。ふるさと投資の
特徴は、①金融機関のバランスシートを経由しない小口の金融商品であるこ
と、②匿名組合出資の形態を活用することで、投資先事業者の経営の自立性へ

の配慮がなされていること、③多数の個人投資家が、事業への投資を通じて当該事業との関係を維持して、当該事業との関係を継続しやすい環境にあることである（赤井（2013））。また、クラウドファンディングの活用は、インターネットを介して不特定多数の投資家を呼び込むという意図である。ふるさと投資のスキームは、図のようにあらわされる（図2-4）。

　前述した特徴ごとに、ふるさと投資が産業復興に寄与することをあげれば、第一に、ふるさと投資は金融機関を通じた間接金融の形態をとるものではな

図2-4　ふるさと投資（地域活性化小口投資）の基本スキーム

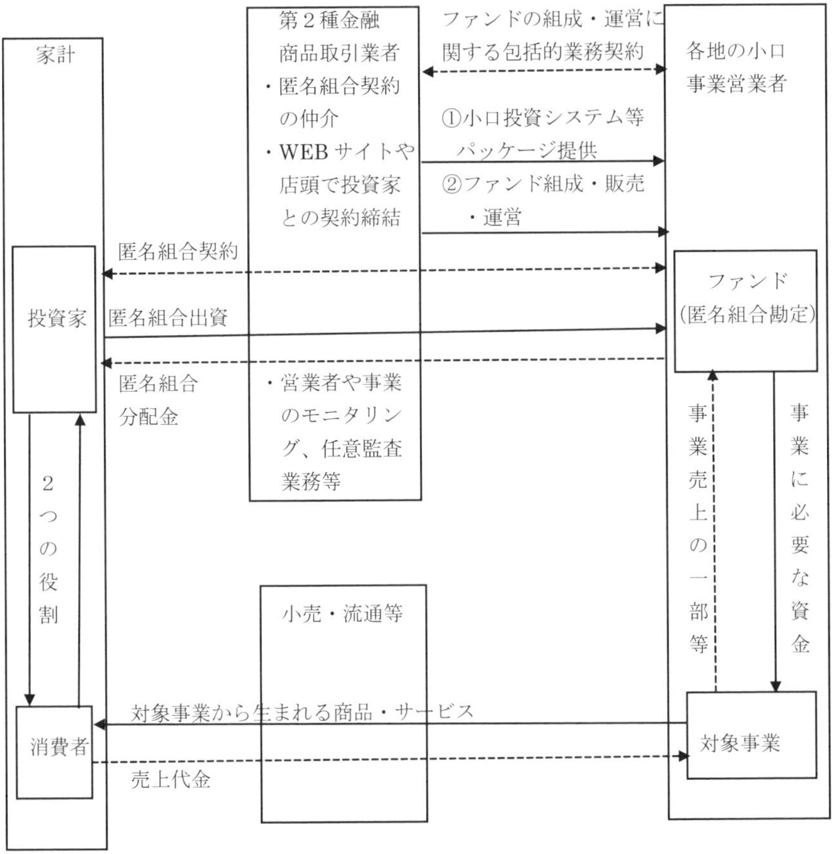

い。産業復興の事業主体には、中小企業や各種組合、さらには NPO 団体も含まれる。特に、農水産業関連であれば、個々の事業者の規模はあまり大きくないので、間接金融による保守的な貸出スタンスのもとでは、担保不足等による融資不足に陥る可能性が高い。事業主体にとっては、十分な資金調達を行うことが可能になる。

　第二に、匿名組合の形態をとることは、事業主体それ自体ではなく、事業主体が行う個々の事業単位に出資することが可能となる。これは、パートナーシップ（共同事業）への出資や普通株の取得とは異なる特徴である。特に、パートナーシップへの出資は事業主体への経営参加とみなされることが多く、個人投資家が会社員や公務員の場合には、出資そのものが兼業規定に抵触するという事態がある。その点、匿名組合契約の形態をとれば、個人投資家も安心して投資を行うことが可能になり、復興に向けての金銭的な支援を促進することにもなる。

　第三に、多数の投資家が事業への投資を通じて当該事業との関係を深めるということは、投資がより可視化されることにつながり、事業主体からみれば、事業の資金調達と潜在的な顧客を同時に獲得することが可能になる。

　以上の利点を活かすためのふるさと投資の課題は、小口の金融商品としての性質を高め、広く投資家に購入されるものでなければならない。個々の事業単位への出資が可能ということは、資産金融としての証券化商品に類似している。そのため、ふるさと投資がうまく機能し拡大するかには、証券化商品の取引と同様の課題が生じる。証券化取引では証券化対象となる資産の安定性や収益性が重要になるが、ふるさと投資では、個々の事業案件の安定性や収益性が重要になる。

　ささやかではあるが、復興のためには何らかの形で貢献したいという思いは強い。それを具現化するのもふるさと投資の利点である。そのためには、個人投資家からの資金を呼び込むためには、高いレベルでの情報開示が求められ

る。特に、復興事業という性質上、リスク把握を容易にできるような仕組みの構築が必要になる。さらには、株式や社債などの他の金融商品との損益計算を行うことができる対象への組み入れといった、税制上での支援策も必要になろう。

6．おわりに

　被災地にとって産業復興は、中長期的な発展を目指すうえでは重要な課題である。復興需要はライフラインやインフラの復旧とともに、やがては元に戻る性質のものであるから、地域の発展を目指すには産業復興が必要になる。そのためには、それまで培ってきた産業を重視し、その延長上に復興を目指すのもひとつの方法であるし、震災を機に新しい改革のもとで産業復興を企てる方法もある。宮城県の水産業復興特区はその試みではあるが、現状ではその成果はいまだ十分には達成されていない。

　産業復興には財源が必要であるが、公費による復興予算だけに頼ることも問題がある。産業復興は経済政策の範疇にあるのだから、そこには経済性が求められる。そのためにも、ふるさと投資のような不特定多数の投資家から資金を集め、それを復興事業に充てるような仕組みが必要である。地域にあった産業復興ビジョンの作成と持続可能な資金援助・調達の仕組みの構築は、震災からの発展を目指すうえでは、必要不可欠な課題である。

<注>
(1)　東日本大震災では、輸送機器産業で特殊な部品を製造する企業の工場が被災、西日本の自動車生産が一時的に停止するという事態が生じた。
(2)　斉藤（2015）では、多くの人々の間で震災直後の経済停滞が急速に回復していったという理解が広がらなかったのは、津波被災からダメージを受けた経済活動規模自体がきわめて甚大であったと強く信じられていた、ということを指摘している。
(3)　2018年の福島県観光客入込数56,336千人を地域別にみると、中通りが25,751千人、会津が19,517千人、浜通りが11,068千人となっている。実際のところ、中通りと会津は2010年

と比較して入込数を増やしているが、浜通りへの入込数が大きく落ちこんでいるために、合計では2010年の水準に達していないのである。浜通りとは福島県の太平洋側の地域であり、福島第一原子力発電所事故の影響を大きく受けた地域でもある。

(4) 海面漁業・養殖業産出額の全国1位は北海道であり、約2,721億円である。また、海面漁業産出額の全国1位も北海道であり、約2,412億円である。

(5) 農業産出額の全国1位は北海道であり、約1兆2,593億円である。また、野菜産出額の全国1位も北海道であり、約2,271億円である。

(6) 当時の漁業関係者による具体的な反発は、村井（2012）84頁で示されている。

(7) 桃浦かき生産者合同会社は生産から加工、流通まで手掛け、仙台水産の販路や資金支援を活かして全国に「桃浦カキ」を販売している。

(8) 山下（2012）100頁。

(9) 農業生産関連事業の内訳は、農産物の加工、農産物直売所、観光農園、農家民宿、農家レストランである。

(10) 熊本県（2016）43頁。

(11) 佐藤・小黒（2011）62頁や矢口（2013）136頁による。

(12) 山田（2016.11.11）による。

(13) 宮城県（2011）73頁。

(14) 熊本県（2016）47頁。

<参考文献>

赤井厚雄「地域活性化の観点からみた国内資金供給構造の課題と方向性」吉野直行・塩澤修平・嘉治佐保子編著『ふるさと投資ファンド―意欲のある中小企業が資金を得る仕組み―』慶應義塾大学出版会、2013年、22-55頁。

熊本県「平成28年熊本地震からの復旧・復興プラン」、2016年8月（10月改訂、12月改訂）。

斉藤誠『震災復興の政治経済学―津波被災と原発危機の分離と交錯―』日本評論社、2015年。

佐藤主光・小黒一正『震災復興―地震災害に強い社会・経済の構築―』日本評論社、2011年。

宮城県「震災復興計画～宮城・東北・日本の絆　再生からさらなる発展へ～」2011年10月。

村井嘉浩『復興に命をかける』PHP研究所、2012年。

矢口和宏「復旧・復興策の政策実施過程における論点」『公共選択』第59号、2013年2月、126-142頁。

山崎雅人「自然災害と経済活動」馬奈木俊介編著『災害の経済学』中央経済社、2013年、77-91頁。

山下東子『魚の経済学―市場メカニズムの活用で資源を護る―第2版』日本評論社、2012年。

山田優「熊本地震で阻まれる、「農業の6次産業化」─インフラ回復途上で奮闘する阿蘇の今
　─」東洋経済 ON LINE 2016.11.11。

第3章

復興に向けてのソーシャルビジネス

1．はじめに

　1995年の阪神・淡路大震災は、非営利活動団体に法人格を付与するための法律である「特定非営利活動促進法」（以下、NPO法と表す）が成立する大きな契機となった。NPO団体への法人格の付与と活動を促進するための支援が法制化されたことで、社会の課題や地域の課題に取り組む担い手を大きく後押ししたことは言うまでもない。また2000年代に入ると、企業の社会的責任（CSR：Corporate Social Responsibility）や社会的責任投資（SRI：Social Responsibility Investment）の議論[1]も大きく進んだ。これまでも企業の社会貢献活動は、さまざまな分野で行われてきたが、一般的な社会貢献活動だけではなく、環境への配慮、従業員や取引先との関係、地域社会との関係というように、社会との関係性や社会の持続可能性を対象にした企業活動は、こうした議論の中で大きく進んだと言える。こうした流れは、経済的な価値と社会的な価値の両立を目指す、いわば市場と社会がミックスした新しい経済システムの模索が進んできたとも表現できる。

　東日本大震災後においては、ソーシャルビジネスや企業のCSV（Create Share Value：共有価値の創出）への関心が社会的に高まってきている。ソーシャルビジネスとは、一言でいえば、社会の課題や地域の課題を解決することに特化したビジネスである。

現在も被災地では、復興の取組みが進んでいる。政府は2016年度から2020年度の５か年を「復興・創生期間」と位置づけている。「復興・創生期間」の５年間のキーワードは「自立」である。これまで、被災地において、さまざまな補助事業、助成事業が実施され、NPO団体等の取組みを後押ししてきた。しかしながら、こうした補助事業や助成事業が終了した後、このような取組みが継続していくことができるのか、ということが大きな疑問として浮かび上がってくる。補助金や助成金がなくても、取組みが継続していくためには、「自立」型の事業形態へと転換する、すなわち、ソーシャルビジネスの概念に基づく、事業の発展が必要である。

　そこで本章では、ポスト「復興・創生期間」を見据え、自立型の事業形態であるソーシャルビジネスについて考えてみることにしたい。

２．ソーシャルビジネスとは何であるのか

　まず、ソーシャルビジネスとは何であるのか、というところから話を始めよう。一言で「ソーシャルビジネス」と言っても、それを話している人も聞いた人も、イメージする概念や定義が多様であったりする。そこで、まずはソーシャルビジネスの概念について少し整理してみよう。

⑴　日本のソーシャルビジネスの定義

　「ソーシャルビジネス」という言葉とともに、「コミュニティビジネス」という言葉もある。例えば、2000年度の『国民生活白書』には、コミュニティビジネスという言葉が登場する。また経済産業省関東経済産業局も、早い段階からコミュニティビジネスに関する研究を行ってきた。このように日本では、ソーシャルビジネスという言葉よりも、コミュニティビジネスという言葉が先行して使われてきた感がある。しかしながら、どちらも、地域や社会の課題を、ビジネスの手法を用いて、主体的に解決するモデルであることには変わりはな

い。何が違うかと言えば、コミュニティビジネスは、「地域の課題」に特化しているという点が特徴的で、ソーシャルビジネスは、必ずしも「地域の課題」に特化していない、ということであろう。言い換えれば、コミュニティビジネスは、"community problems based business model（地域に依拠するビジネスモデル）"であり、ソーシャルビジネスは、"social problems based business model（社会課題に依拠するビジネスモデル）"であると言える。例えば、待機児童問題などの子育て支援は、多くの地域で共通する社会課題である。このとき、地域にかかわらず、待機児童問題を解消するための子育てサービスをビジネスモデルとして組み立てることが可能であろうし、そのビジネスモデルは、ソーシャルビジネスとなり得る。一方、細やかな子育てニーズは、それぞれの地域によって異なるかもしれない。こうした地域ごとの子育てニーズに合わせたビジネスモデルは、コミュニティビジネスとして考えられる。これは、地域福祉、まちづくり、農業、教育など、さまざまな分野で同じことが言える。

　つまり、コミュニティビジネスは、ソーシャルビジネスの中に位置づけることができ、ソーシャルビジネスの中で、地域に特化したビジネスであるとして整理できる。

　ソーシャルビジネスは、社会の課題解決が事業の目的（ミッション）であり、事業の継続性が担保されるようなビジネスモデルなり、事業計画なりが存在し、新たな商品やサービスが開発されたり、活用されたりすることにより、新しい社会的な価値が創出されるようなビジネスであると言える。

(2)　ユヌス・ソーシャルビジネスの基本的な考え方

　ソーシャルビジネスの概念の提唱者であるムハマド・ユヌス博士は、マイクロクレジットのモデルである「グラミン銀行」や、ソーシャルビジネスの手法を通じて、バングラデシュの貧困問題の改善に貢献したとして、2006年にノーベル平和賞を受賞した。ユヌス氏は、ソーシャルビジネスの要件として、以下

の7原則を提唱している。

①　経営目的は、利潤の最大化ではなく、人々や社会を脅かす貧困、教育、健康、情報アクセス、環境といった問題を解決することである。

②　財務的・経済的な持続可能性を実現する。

③　投資家は投資額のみを回収できる。投資の元本を超える配当は行われない。

④　投資額を返済して残る利益は、会社の拡大や改善のために留保される。

⑤　環境に配慮する。

⑥　従業員に市場賃金と標準以上の労働条件を提供する。

⑦　楽しむ！

出所：Yunus（2010：邦訳 pp.33-34）

　グラミングループのソーシャルビジネスの特徴のひとつは、多様な社会の課題に対して、得意分野を持つ営利企業と連携し、社会の課題を解決する合弁企業を立ち上げていることにある。こうしたソーシャルビジネス事業を通じて、社会の課題を解決するとともに、雇用を創出していくことで、バングラデシュの社会課題の解決と貧困問題の解決を進めていくことができる。この点は、震災復興におけるソーシャルビジネスを考えていくうえでも重要な示唆となる。

　ここで、株式会社、NPO とユヌス博士が考えるソーシャルビジネス株式会社（ユヌス・ソーシャルビジネス株式会社）の違いを、図で整理してみよう。

図3−1　ユヌス・ソーシャルビジネスの特徴

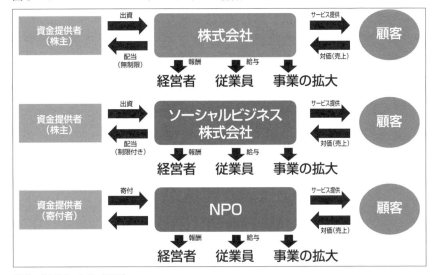

出所：矢尾板・中川（2017）

　図3−1では、ユヌス・ソーシャルビジネス株式会社の特性を、一般の株式会社、NPO と比較している。一般の株式会社とユヌス・ソーシャルビジネス株式会社は、株主から出資を受け入れることで、資金調達することが可能である。株主は、出資額に応じて配分される企業の「所有権」を行使しながら、会社の意思決定に関与する。また、自身が経営者（役員）となり、会社の経営に参画することもあるだろう。一方、NPO の場合は、会員からの会費、寄付者からの寄付などを通じて資金調達をする。NPO の会員は、総会等を通じて団体の意思決定に関与したり、自身が団体の理事等の役員となり、団体の運営に参画したりすることもあるが、その方法は各団体の「定款」によって、さまざまなパターンがある。寄付者も、団体の経営に関与することもあるかもしれないが、株式会社における株主のような、団体の所有権や支配権（コントロール権）は法的に存在しない。一般の株式会社、ユヌス・ソーシャルビジネス株式会社、NPO の大きな違いは、出資（会費や寄付の拠出）に対する配当である。

一般の株式会社は、出資に対する配当に制限はない。株主総会で決められた配当額を受け取ることが可能である。一方、NPO は、「非営利」であるため、利益の分配は禁じられており、配当そのものが認められていない。そして、ユヌス・ソーシャルビジネス株式会社は、出資者は出資額の回収は認められているが、出資額以上の配当は受け取れない原則があるので、配当に制限が課される。

　資金調達のしやすさということを考えると、資金を回収することができない NPO が最も資金調達が難しく、無制限に配当を得ることができる一般の株式会社が最も資金調達がしやすい。ユヌス・ソーシャルビジネス株式会社は、NPO よりは資金調達はしやすいかもしれないが、出資額以上の配当に制限が課されるため、金銭的な株式配当以上の社会的価値を創出し、それを社会的配当として提供することが求められるので、出資者からの納得を得る必要がある。つまり、出資者に対し、出資を通じて社会課題の解決に参加することができることの意味を理解してもらい、社会課題の解決による成果を金銭的な評価ではない「便益」として提供していくことが重要となる[2]。

(3) 「三方よし」のソーシャルビジネス

　ここで、どのぐらいの人がソーシャルビジネスやコミュニティビジネスのことを知っているかということについて、確認してみよう。2016年度に、筆者（矢尾板）が研究代表者となった淑徳大学地域連携センターと茨城県笠間市との共同研究「学びと就労が連動する仕組みの構築事業」では、東京都、神奈川県、埼玉県、千葉県の 1 都 3 県の40歳から69歳までの524名に、WEBモニター調査を実施したアンケートの中で、ソーシャルビジネスやコミュニティビジネスの認知度や意欲について聞いている。

　その結果、ソーシャルビジネスやコミュニティビジネスを「すでに取り組んでいる人」は1.0%、「内容について聞いたことがある人」は10.9%、「名前だ

けなら聞いたことがある人」は49.2％であり、「聞いたことがない人」は38.9％という結果であった。

　また、「あなたは、ソーシャルビジネスやコミュニティビジネスとして、対価を得ながらコミュニティ活動をしたいと思いますか」という質問に対して、「とても意欲がある人」は3.2％、「やや意欲がある人」は27.1％、「あまり意欲がない人」は35.5％、「まったく意欲はない人」は21.9％、「自分でやる意欲はないが、他に取り組んでいる人を手伝う意欲はある人」は12.2％という結果であった。

　今後、地域コミュニティの中で、ソーシャルビジネスやコミュニティビジネスの担い手として期待される年齢層において、ソーシャルビジネスやコミュニティビジネスの認知度や意欲が不十分であることは課題である。

　さらに、わが国において「ソーシャルビジネス」の概念なり定義なりが、多様性を持つ反面、曖昧なままであるということは大きな課題であろう。多様性を持つということは、メリットでもあり、デメリットでもある。ソーシャルビジネスやコミュニティビジネスを支援していくための制度の整備を進めていくうえで、それを語る人々がイメージしている「ソーシャルビジネス」が微妙に異なっていれば、その合意形成は難しくなるだろう。それに伴い、「ソーシャルビジネス」を推進するために必要な制度整備が進まない可能性もある。

　ソーシャルビジネスの意義は、社会の課題を解決する事業を通じて、雇用が創出され、その事業にかかわる人々の自立を促すことができることである。

　近江商人の言葉に「三方よし」という言葉がある。商売は、「自分よし、他人よし、社会よし」とならなければならないという教えである。これはソーシャルビジネスの本質でもある。つまり、社会の課題解決を通じて、どのような社会的な価値を創出し、どのように社会状態を改善し、自分や他人の利益を高めていくのかという発想に基づいたビジネスの仕組みがソーシャルビジネスであると言える。このように考えれば、ソーシャルビジネスは「三方よし」を

具現化した仕組みであるとも言える。

3．震災復興とソーシャルビジネス

　2011年3月11日に、東日本大震災が発生した。震災後、多くの人々が被災地の復興にかかわり、被災地で起きている課題に取り組んできた。その中で、ソーシャルビジネスの仕組みを通じ、雇用の創出やこころのケアなどにつながる取組みが、その芽を吹かせている。ここでは、東日本大震災後の復興支援の取組みについて、筆者（矢尾板）の体験的な話を紹介するとともに、被災地域におけるソーシャルビジネスについて確認をしてみよう。

(1)　被災地域の幸せや痛みに寄り添う

　東日本大震災発生後の2011年5月5日に六本木にあるハリウッド化粧品の本社で「ハートタウン・ミッション」という活動のキックオフミーティングが開催され、筆者も参加した。この日の会議の目的は、山中光茂・三重県松阪市長（当時）と樋渡啓祐・佐賀県武雄市長（当時）が発起人となり、全国青年市長会に所属する市長、民間企業の関係者などが集まり、東日本大震災の被災地域の支援について協議することであった。この会議に、戸羽太・岩手県陸前高田市長も参加され、陸前高田市の状況をお話しされたことから、「ハートタウン・ミッション」が陸前高田市の復興にかかわることになる。

　この会議の様子について、山中光茂氏は著書の中で次のように述べている。「各分野の人間が集まり、被災地支援について具体的に行動する覚悟を交わし合いました。そのなかで、戸羽市長はこう訴えたのです。「改めてこのメンバー全員で陸前高田市に来てください、そして一度現場を見ながら話し合ってみてください」。ハートタウン・ミッションのメンバーは、5月中に必ず、陸前高田市に行くと約束し、机上の空論ではなく、現場に対してできることを即断即決していく。そんな共通の決意と覚悟を抱いたのです。（山中（2012））」。

5月26日に、「ハートタウン・ミッション」のメンバーが陸前高田市を訪問し、具体的な支援活動が始まった。5月26日に陸前高田市を訪れた渡邉美樹・ワタミ株式会社会長は、戸羽市長から打診された陸前高田市の参与への就任を受諾し、「陸前高田市復興プロジェクト」をスタートさせた。

　「陸前高田市復興プロジェクト」は、「みんなで街おこし、夢おこしを」をキャッチフレーズに、陸前高田の「商い」の復興を目指すために、全国青年市長会と連携し、8月に「陸前高田市復興街づくりイベント」を開催し、1万人以上の方が参加するイベントとなった。またイベント後には、陸前高田市や大船渡市で商売をされている方を対象とした「経営勉強会」を開催し、被災地域の「商い」の復興のサポートを続けてきた。

　H&Nワインジャパン株式会社代表取締役の本間真理子氏は、国際NGOの職員として仕事をしていたが、東日本大震災発生後、陸前高田市などの復興支援にかかわったことをきっかけに、国際NGOを退職し、グルジアワインのワイナリーのオーナーとして復興支援にかかわろうと独立・起業した。本間氏は「Wine for two」という仕組みを考え、グルジアワインを被災地域以外の消費者が1本購入すると、1本、被災地域の方に届けた。例えば、桜の季節に、この「Wine for two」の取組みを行えば、被災地域以外の消費者がワインを購入することで、被災地域にワインが届き、被災地域でお花見をしながらワインを飲んでもらうことができる。ワインを通じて、楽しみや交流、コミュニケーションの機会という社会的価値を創出することができる仕組みである。また、こうした交流を通じて、他地域の人が被災地を知ることで、被災地の商品の購買にもつながり、結果として、被災地域の売上や雇用の創出に貢献していくことができる。

　2013年4月には、筆者ら有志とともに、陸前高田市内の仮設住宅におけるお花見会と、千葉市、松阪市などワインを購入した人たちのワインパーティーを、インターネットでつなげ、同時に「乾杯」を行い、地域間の交流を行うと

いうイベントを開催した。このイベントを通じて、千葉市や松阪市の人々は、ワインを購入するという消費行動を通じて、被災地域の方々にかかわることができた。

　「ハートタウン・ミッション」のキックオフミーティングに会場を提供したハリウッド化粧品は、メイ・ウシヤマ SBM 研究所の所長である岩本高明氏が「口紅の力」という仕組みを構築し、社会の課題を解決するための仕組みづくりを進めている。「口紅の力」プロジェクトのきっかけは東日本大震災の発災後、釜石市において、ハリウッド化粧品の試供品を被災地支援の一環として無償で配布したことから、口紅が持つ力を再認識されたという。そこで従来型の一般的な化粧セミナーではなく、健康管理なども念頭に置きながら、口紅の付け方を、例えば、介護施設や社会福祉協議会の職員に修得してもらうことにより、継続的に、高齢者の元気、笑顔、コミュニケーションを生み出すことができると考え、「口紅の力セミナー」を開催している。またハリウッド化粧品は、東北気仙地域の椿を使った「気仙椿コスメ」を製造し、販売することで被災地の復興支援を行っている。

　このように、被災地の復興において、「仕事づくり」（雇用の創出）は大きな意味を持つ。そうした「仕事づくり」について、民間企業が果たせる役割も大きい。そして、ソーシャルビジネスの仕組みが、雇用の受け皿になる可能性が示唆される。

⑵　**復興支援とソーシャルビジネスについてのヒアリング調査の記録**

　被災地の復興において必要なことのひとつは、「仕事づくり」、「雇用の創出」である。ここで、仕事づくりや雇用の創出に貢献したソーシャルビジネスの事例をヒアリング調査を行い、整理してみる[3]。

　一般社団法人スーパネスンスアカデミック（代表理事：河原裕子氏）は、特定非営利活動法人アース・アイデンティティ・プロジェクトが東日本大震災の

被災地域における女性の雇用創出を促進していくために設立した法人である。具体的な取組みとしては、「ピームーシープロジェクト⁽⁴⁾」と「ヘンププロジェクト⁽⁵⁾」がある。特に、「ピームーシープロジェクト」は、九州大学で行われた「ソーシャルビジネス・フォーラム・アジア in 福岡2011」において、「東日本大震災被災者の自立復興支援」をテーマに立案されたプロジェクトで、この事業に対し、ユヌス博士がソーシャルビジネスとして承認し、「ユヌス・ソーシャルビジネス・マーク」が付けられている。

　ピームーシープロジェクトは、被災した女性が「ピームーシー」というマスコットチャームを製作する事業である。震災後は、青森市と八戸市で活動を行い、1個500円でNPOが買い取り、被災地域の女性に現金で支払いをするというスキームを作り、活動した。材料となる徳島県産のしじら織りの布である「長尾織布」は無償提供を受けた。また、「ヘンププロジェクト」は、宮城県七ヶ浜町において、仙台市内の企業から技術指導を受けながら、バングラデシュのヘンプ（麻）の布を使用し、子ども用の枕カバーやシーツを製作する事業である。ヘンプの仕入れと製作された商品の買い取りは、一般社団法人スーパネスンスアカデミックが行う。そのうえで、河原氏の各国大使館とのネットワークを活かして、大使夫人に商品を購入してもらうとともに、それを福島県の保育園、仙台市の乳児院などの子どもたちに寄付の形で、大使夫人とともに送り届けるという活動をしている。

　ヒアリング当時は、宮城県の「東日本大震災女性雇用創出プロジェクト」の一環としてプロジェクトを実施し、被災女性1名の人件費と講師の技術指導料の補助を受けており、収益の中からスタッフ2名の人件費を支出しているということであった。

　株式会社アバンティ（代表取締役：渡邊智惠子氏）は、東日本大震災の発生後、「東北グランマの仕事づくり⁽⁶⁾」を始めた。そのきっかけは、渡邊氏がホンダの広報担当者から「被災地に行ってください」と言われたことである。渡

邊氏は、被災地において「仕事づくり」が必要であると考え、サンプルを持って、石巻市の十三浜に行った。そこから石巻市、陸前高田市、久慈市の3か所でのクリスマス・オーナメントの製作が始まる。

　株式会社アバンティが依頼している縫製工場がある陸前高田市では、株式会社シェリールに被災した女性を集められるのであれば、クリスマス・オーナメントを作りたいと考えていると伝え、女性を集めてもらえるようにお願いをしたという。

　また、株式会社アバンティ本社で約80人が集まり、被災地のために何ができるかを考えていたところに、久慈市出身の方や野田村の出身の方がおり、そのご縁で久慈市でも取り組むことになった。ただ、商品を製作したものの、販売をするための営業活動も必要である。そこで、営業は株式会社アバンティが行うことになった。その後、生産拠点は8か所（岩手県久慈市、陸前高田市、宮城県仙台市、石巻市、南三陸町、福島県いわき市、山形県鶴岡市）に拡大していく。

　この取組みの原点には、渡邊氏は「代受苦者」という言葉があると述べる。株式会社アバンティのWEBページに、次のようなことが書かれている。「『代受苦者』とは、仏教の言葉で"本来自分が受けるべき苦しみや悲しみを自分の代わりに受けてくれた人々"のことを指します。東日本大震災で被災された方々が、まさにそうであるとアバンティは考えています。これから先10年20年をかけて、彼らと共に向き合っていきます[7]」。

　基本的なスキームは、出来上がった商品を、株式会社アバンティが買い取って、工賃を支払い、製作者には在庫を持たせない形にしている。工賃は、1時間のうちに何個できるかということを計算しているとのことであった。初期の頃は、オーナメント等の在庫にするものを主に作っていたが、現在はOEM方式で、取引相手の企業から受注した量を製作してもらう形にし、現地で在庫が発生しないような形式にしている。また株式会社アバンティでは、取引先に、

どのように東北の人たちの仕事づくりに賛同してもらえるのかということを考えながら、営業をしているそうである。

東日本大震災後、岩手県内、県外の人が被災地支援に入るときに、遠野市で後方支援をしていることを聞いた人たちが、遠野市を訪れ、被災地の状況、どこに支援に入ったらいいかなどのヒアリングをしたり、遠野市に滞在し、遠野市経由で支援する人がいた。その中で、認定NPO法人遠野山・里・暮らしネットワーク（会長：菊池新一氏）は、大阪の株式会社福市というフェアトレード会社の社長の高津氏から、被災地における仕事づくりについての相談をされた。当初は、認定NPO法人遠野山・里・暮らしネットワークでは、物資を運ぶことが優先であったため、話が進まなかったものの、高津氏の想いが強く、「じゃあ、やってみましょう」ということになり、「EAST LOOP[8]」の取組みを始めることになった。

「EAST LOOP」は、被災した女性がハートのブローチ等の手芸小物を製作し、関東地方や関西地方の百貨店や小売店で販売するとともに、インターネット販売を行うプロジェクトである。その売上代金の50%が生産者グループに入る仕組みになっている。「EAST LOOP」のプロジェクトでは、次のような役割分担から始まった。まず認定NPO法人遠野山・里・暮らしネットワークは、編み手を集めることと運営事務局という役割である。沿岸の被災地域から遠野市まで商品を運搬・集荷・検品し、パッケージにするという作業を行う。他方、株式会社福市は、営業活動や販路の確保を行った。さらに、ネットの専門家やデザイナーがデザインを提供したり、技術指導も行った。その後、編み手の女性たちが合同会社東北クロシェ村[9]を設立し、それを認定NPO法人遠野山・里・暮らしネットワークと株式会社福市がトータルサポートする形にしている。生産拠点は、次第に岩手県宮古市、大槌町、陸前高田市、大船渡市、宮城県気仙沼市に拡がっていった。

菊池氏によると、現地に最初から最後までNPOスタッフや頼れるキーパー

ソンがいたことが大きいという。宮古市や大槌町などで、10人くらいのチームを作ると、切磋琢磨することで技術や生産性が向上し、コミュニティづくりにつながった。現在、編み手は約50人になるが、年を経るごとに、プロの編み手集団に変わっていったそうである。

また、「EAST LOOP」の取組みは、政府や岩手県などの補助事業からの支援を受けている。具体的には、2012年度は岩手県の「新しい公共の場づくりのためのモデル事業」、2013年度は経済産業省の「地域新成長産業創出促進事業」、2014年度は公益財団法人大阪コミュニティ財団の「東日本大震災および原発災害からの復旧活動等支援基金」、2015年度は復興庁の「「新しい東北」先導モデル」からの支援などである。

ここで紹介した3つの事例から共通して考えられることは、復興支援におけるソーシャルビジネスの主たる目的は、「仕事づくり」にあるということである。そして、いずれも雇用を創出するとともに、それが被災した女性の精神的なケアにもつながっている。「お互いに助け合う喜び」、「仕事があることの喜び」、「一緒に働くことによる交流から得られる喜び」が、こうしたソーシャルビジネスを通じた社会的な価値として創出されていると言える。

また、販売面では、被災地域外の企業と連携することで機能しているため、被災地の女性の取組みは、「作る」ことに特化することができていることも共通点である。一般社団法人スーパネスンスアカデミックは河原氏が、「東北グランマの仕事づくり」は株式会社アバンティが、「EAST LOOP」は株式会社福市が、営業活動を担っている。こうしたモデルは、民間企業の被災地支援に対しても、有益な示唆を与えるだろう。

⑶　政府等の支援制度

　ここで、被災地域のソーシャルビジネスに対する政府等の支援制度についても確認してみよう。政府の支援制度としては、内閣府では、2011年度と2012年

度に「復興支援型地域社会雇用創造事業」、「新しい公共支援事業交付金」を実施している。「復興支援型地域社会雇用創造事業」は、被災地域において地域課題を解決する社会的企業の起業や人材育成を促進する内容となっており、32億円の予算が付けられている。「新しい公共支援事業交付金」は、「新しい公共」の担い手による支援拠点の整備、地域づくりなどの取組みを支援するために、岩手県、宮城県、福島県の知事が行う新しい公共支援事業基金の造成に必要な経費を交付対象とし、8億7,900万円の予算を付けている。

復興庁と経済産業省は、2012年度から2014年度までの3か年で、「ソーシャルビジネス・企業連携支援機能強化事業」、「ソーシャルビジネス新事業創出事業」、「ソーシャルビジネスノウハウ移転・支援事業」を通じて、事業ノウハウのマニュアル化、ノウハウやスキームのハンズオン支援を行っている。予算は、2012年度と2013年度に2億円、2014年度に1億1,500万円となっており、2012年度と2013年度は16件、2014年度は10件が採択されている。

そして復興庁は、「「新しい東北」先導モデル事業」を2013年度から2015年度までの3か年で実施している。この事業を通じて、人材育成、事業の創出支援の他、自治体に対するハンズオン支援なども行われている。予算は、2013年度に9億円、2014年度に14億8,300万円、2015年度に8億3,000万円となっており、2013年度は66件、2014年度は95件、2015年度は44件が採択されている。2016年度以降は、公益社団法人経済同友会、一般社団法人日本経済団体連合会、日本商工会議所が代表となり、自治体、各種経済団体、NPO法人、社団法人、財団法人などの団体、独立行政法人、大学、そして先進モデル事業応募者が会員となっている「新しい東北」官民連携推進協議会[10]が人的支援、資金支援、物的支援、経営支援などを通じて、情報発信・収集、マッチング、ネットワーク・交流、取引先の開拓などの支援を行っている。

こうした政府等の支援制度の課題として、申請作業の難易度や事務量の大きさが挙げられる。一般社団法人スーパネスンスアカデミックと認定NPO法人

遠野山・里・暮らしネットワークも、こうした支援制度を利用している。ヒアリングを通じて、補助金の精算が事業終了後のため、資金調達の問題があることがわかった。つまり、事業期間中は自己資金で、補助金充当分を立て替えることになる。この場合、最終的に補助金で精算できることがわかっていても、事業途中で運転資金がショートする可能性がある。そのため、銀行から運転資金をつなぎ資金として借り入れることもあるという。ある程度、大きな規模、または実績のある事業体であれば、こうした資金調達も可能であるが、規模が小さかったり、実績が浅い事業体は、資金の余裕が無ければ、補助金を獲得できても事業そのものを継続できないかもしれない。この点は、補助金を先払いするか、全額ではなくても、スタート時、中間時などのタイミングで、複数回、精算できるような仕組みを検討していく必要がある。

　株式会社アバンティの渡邊氏からは、補助金対象の経費も、例えば、設備投資に対する経費も対象にできるとよいのではないかという提案をいただいた。また認定NPO法人遠野山・里・暮らしネットワークの菊池氏からは、継続事業を支援する仕組みが必要ではないかという示唆をいただいた。

４．震災復興におけるソーシャルビジネスを推進するために

　「ソーシャルビジネス」とは、社会の課題を解決することを目的としたビジネス（事業）である。社会の課題とは、人々にとって目の前にある幸せや痛みにかかわる事柄である。人々の幸せが高まること、痛みが和らぐこと、または、そうした人々の幸せや痛みに寄り添い、一緒に汗をかきながら、かかわること自体がソーシャルビジネスになり得るのである。

　ボランティア活動もソーシャルビジネスの活動も、持続可能であることがその活動の社会的責任を果たすことになる。こうした活動がある日突然、なくなってしまったら、これまでそうした活動を通じて、社会的な価値を享受し、幸せを得てきたり、痛みを和らいできた人々が困ってしまう。その意味でも、

ビジネスの手法を通じて、持続可能性を担保することができるソーシャルビジネスの仕組みは重要である。

　ヒアリング調査を行った被災地域のソーシャルビジネスの３つの事例に共通することは、被災地域で「仕事づくり」（雇用の創出）をし、また「仕事」ができることで、こころのケアにもつながり、被災地域の方々に寄り添うことができる仕組みであった。

　また被災地域のソーシャルビジネスは、前節の３つの事例を見ると、図３－２で表したように、主に生産や製造を担っているケースが多い。

　被災地におけるソーシャルビジネスの支援のために、専門的な知識や技術を持つ専門家が、いわば「プロボノ」として、知識や技術を提供するケースも多く見られる。その結果、生産や製造のための技術の熟練度が高まり、商品としての品質が高まっていくことも特徴的である。

　さらに注目すべきは、ソーシャルビジネスを支援する民間企業やNPO団体が果たす役割である。前節の事例では、民間企業やNPO団体は仕入れや販売の支援を行っていた。特に、販売段階においては、民間企業が商品を買い取るケースや販売先を紹介するなどの役割を果たしていた。

　これは、被災地の復興支援における民間企業の役割にも大きな示唆を与える。そのキーワードは「CSV」と「連携」である。

⑴　民間企業の CSV 活動

　東日本大震災後、多くの民間企業がCSR活動を通じて、被災地支援の活動を続けている[11]。つまり、民間企業が社会的責任を果たすために、何らかの形で社会に関与するという枠組みの中で、さまざまな支援が行われてきた。もちろん、CSRの発想も重要であるが、一方で、民間企業にとっても、社会に関与する取組みが、自社の成長戦略にもつながる新たなビジネスモデルに発展させていくようなCSVの取組みも必要であり、そのモデルを構築することで、

図 3 - 2　被災地域のソーシャルビジネスのモデル

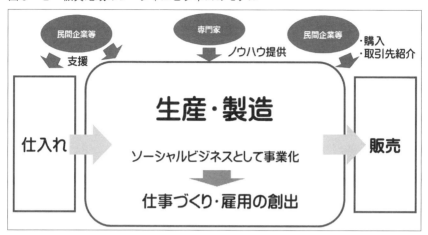

民間企業が社会に関与する取組みが事業化され、持続可能なものとなる。

　CSV とは、ハーバード大学のマイケル・ポーター教授が提唱する新たな企業戦略（競争戦略）の概念である。CSV は、企業価値と社会的価値の創出を同時に行っていく企業戦略であるとも言える。

　これまでの CSR 活動は、どちらかと言えば、企業利益という意味での企業価値と社会的価値とを切り分けて考えていた。つまり、CSR 活動には、利益の一部を社会に還元するという発想があったと言えよう。一方で、CSV 活動は、社会的な価値を創出することを通じて、企業の利益も高めていくという発想である。ソーシャルビジネスにおける民間企業との連携において、企業の利益を社会に還元していくという発想での CSR 活動を通じた連携と、社会的な価値を創出することで、企業の利益を高めていく発想での CSV 活動を通じた連携では、そのアプローチは異なる。

　民間企業は、さまざまな取引先を持っている。そうした取引先の中で、震災復興に取り組むソーシャルビジネス事業者が製造している商品にニーズを感じている事業者がいるかもしれない。そうした事業者と、ソーシャルビジネスを

マッチングすることは、ソーシャルビジネス事業者にとっても、取引先となる事業者にとっても、また自社にとっても利益を生み出すかもしれない。そして、ソーシャルビジネスが拡大していくことにより被災地域の雇用の創出が増加していくかもしれない。これは民間企業が、ソーシャルビジネス事業者が製造している商品を社会貢献として購入するよりも、大きな効果を持つ。本業を通じて社会貢献をしていくことが可能になる。

　その商品やサービスの先には、「お客様」（消費者）が存在するということである。その消費者の喜びが、利益を生み出すのである。また、その消費者の喜びがソーシャルビジネス事業者にとって、その活動を続けていくための原動力になる。

　ソーシャルビジネスと民間企業とが連携することで、「取引先とのマッチング」が可能になる。こうした取組みを進めていくためには、「見本市」を開催していくことも効果があるかもしれない。被災地域のソーシャルビジネス企業と複数の民間企業の取引先とのマッチングを行う見本市を通じて、ソーシャルビジネスの取引先の確保が可能になることが考えられる。

(2)　民間企業とのアライアンス

　民間企業との連携において、もうひとつ有効な方法として考えられるのは、民間企業が持っているマーケティングデータに基づき、消費者のニーズに合わせた商品やサービスに関する提案を被災地域のソーシャルビジネス事業者に行うことができるのも、民間企業と連携することの大きなメリットである。つまり、民間企業が消費者のニーズに合った商品やサービスを提案し、その提案に基づき、ソーシャルビジネス事業者が民間企業と共同で商品やサービスを開発したり、生産したりするといった共同生産方式である。

　ソーシャルビジネス事業者にとっては、消費者のニーズを把握することができ、共同開発での生産であれば、自社のブランドで、その商品やサービスを販

売することができる。民間企業にとっては、自社が販売したい商品やサービスを仕入れることができ、消費者により良い商品やサービスを提供することにより、利益を高めることができる。本業を通じて、被災地域のソーシャルビジネスを応援することができ、被災地の復興に貢献することができる。

　このとき民間企業が、ソーシャルビジネス事業者に出資し、資本提携することも大きな選択肢のひとつである。ソーシャルビジネス事業者にとっては、資本が増加することにより、投資を拡大することができ、事業を拡大する機会を得ることができる。また、民間企業が出資し、そのソーシャルビジネス事業者の経営に参加したことにより、社会的な信用を高め、金融機関等からの融資を受けられやすくなるかもしれない。これにより、そのソーシャルビジネス事業者の成長性が高まるのである。一方、民間企業にとっても、ソーシャルビジネス事業者に資本参加することで、中長期的な経営戦略を策定しやすくなる。それにより、取引先とのマッチング、商品やサービスの開発などを安定的に行うことが可能になる。こうした資本提携を可能にするためには、ソーシャルビジネス事業者は、「株式会社」であることが条件となる。さらに、このようなマッチングにおいては、ソーシャルビジネスファンドの役割も大きい。

⑶　ソーシャルビジネスの成功のために

　東日本大震災の被災地において、「自立的」、「持続的」に社会の課題を解決していく仕組みを構築していくためには、補助金や助成金に依存しないソーシャルビジネスが拡大していくことが重要である。ソーシャルビジネスが成功するためには、少なくとも、①ビジネスモデル、②マネジメント、③オペレーションという３つの「仕組み」が鍵となる。これはソーシャルビジネスに限らず、一般のビジネスでも同じことが言える。

　まず、自分たちの「顧客」は誰なのか、ということを明確にし、誰から、どこから売上を得ていくのか、というビジネスモデルが構築されることが必要で

ある。この際に、マーケティング活動を通じて、そのビジネスモデルが成り立つかどうかの検証も必要となる。

　次に、自分たちのビジネスの「ミッション」に基づき、「ビジョン」を描き、そして「戦略」を作ることが必要となる。特に、中期経営計画を策定したうえで、何を、いつ、どのように行っていくのかということを設定し、PDCA サイクルを回しながら、事業活動を進めていくマネジメントと効果的なオペレーションが重要である。

　どれだけ社会的に価値がある事業であったとしても、「続けていく」ためには、ビジネスモデル、マネジメント、そしてオペレーションの3つの仕組みを持たなければ、持続していくことは難しい。東日本大震災の被災地において、ソーシャルビジネスを拡大させていくためには、こうした知識やノウハウすなわち「商売学」の知識とスキルを、ソーシャルビジネス事業者が学び、実践していくことが重要となる。

　そのひとつの取組みが、ソーシャルビジネス事業者向けの「経営塾」や「経営セミナー」の実施である。陸前高田市では、先述したように「みんなの夢アワード in 陸前高田」が開催され、経営塾とビジネスプランコンテストが行われた。これは、経営塾の講義を通じて、事業計画を策定していくとともに、コンテストを開催し、優れたビジネスモデルを具体的に立ち上げていくための支援を行っていくという取組みである。今後、ソーシャルビジネスの普及・拡大においては、このような取組みが必要である。

5．おわりに

　本章では、東日本大震災後の被災地域におけるソーシャルビジネスの取組みについて確認してきた。

　陸前高田市の NPO 法人りくカフェ[12]は、陸前高田市内で管理栄養士が監修する減塩の健康ランチを提供したり、人々の集いや交流の場を提供するコミュ

ニティカフェの活動を行っている。

　東日本大震災の被災地域の多くは、震災前から人口減少、少子化、高齢化が進展してきているなど、さまざまな社会課題に直面している。復興とは、未来志向型で考えれば、持続可能な地域づくりの取り組みでもある。この点でもソーシャルビジネスの考え方は、鍵となる。

　ソーシャルビジネスが各地域で持続可能な活動となり、地域や社会の課題を解決していくことで、地域の持続可能性に寄与していくためには、資金調達は欠かせない。今後のポスト「復興創生期」においては、国等の公的な補助金・支援制度だけではなく、民間の資本市場や寄付市場からの資金調達も促進できるようにしていく必要がある。具体的な制度設計としては、国、自治体、民間企業、金融機関が出資する官民連携型の「復興ソーシャルビジネスファンド」の創設である。

　「復興ソーシャルビジネスファンド」は、被災地域の当該自治体が設定するテーマ（社会課題）の分野において、その地域で事業に取り組むソーシャルビジネス事業者に出資する。出資することにより、ソーシャルビジネス事業者の経営に参画し、経営ノウハウ等を移転しながら、そのソーシャルビジネスの成長に寄与していく。また、ソーシャルビジネス事業者の取り組みについて、当該自治体が指名する第三者の評価機関が、その成果（社会的なアウトカムやインパクト）を評価し、その成果に対する報酬を「復興ソーシャルビジネスファンド」に支払うという仕組みにする。すなわち、ソーシャルインパクトボンドのような仕組みを導入する。また、NPO等が取り組む事業に対しては、「復興ソーシャルビジネスファンド」は出資ではなく、融資を通じて、NPO等の資金調達を可能にしておく。

　被災地域の復興を進めていくためには、被災地域の「商い」も復興し、被災地域の中で「経済循環」を創り出していくことが鍵となる。これは被災地域に限ることではないが、多くの地域で「供給制約」の課題が生じている。つま

り、需要が増加したとしても、供給制約があれば、需要と供給とのバランスを通じて、経済循環が縮小してしまう。その負のスパイラルから脱するためには、「商売」が活気づくことが重要になる。「商売」が活気づくことにより人を楽しませ、それが魅力となって、新たに人を呼び込んでいくという好循環を生み出していくことができる。ソーシャルビジネスとは、まさに社会の課題を解決する「商売」である。被災地域において、ソーシャルビジネスという「商売」が生まれていくことで、被災地域の経済の活性化にも良い影響を与えうるだろう。

　そうしたソーシャルビジネスは、どのような分野で期待されるのであろうか。陸前高田市では、現在、「ノーマライゼーションという言葉がいらないまちづくり」を進めている。「ノーマライゼーション」という言葉を意識するということは、それを意識するだけの課題があるということである。陸前高田市では、「ノーマライゼーション」という言葉を意識しないほど、そうした取組みが「当たり前」のこととして行われるような「まち」を目指していこうということが、まちづくりのコンセプトになっている。

　そのために、地域のさまざまな課題を解決するソーシャルビジネスが広がっていくことも重要な要素であり、住民が「幸せ」を感じながら暮らしていくことにつながると考えられる。

　ここまで見てきたように、営利を追求する民間企業も、実は社会的価値の創出に大きく関わっている。リーマンショック、東日本大震災、熊本地震を経て、現代の資本主義システムは大きく移行しようとしている。それは、利潤を追求するとともに、社会的な価値の創出も両立させていくという、いわば、近江商人が唱えた「三方よし」の考え方である。こうして考えてみると、新しいシステムに向かうのではなく、「商い」の原点回帰と言えるかもしれない。こうした取組みが、東日本大震災の復興にも大きな力になる。

<注>

⑴　例えば、筆者（矢尾板）が事務局として研究会に関わった経済産業省・独立行政法人経済産業研究所『企業の社会的責任と新たな資金の流れに関する研究会』がある。この研究会の報告書は、独立行政法人経済産業研究所の WEB ページで確認することができる。

http://www.rieti.go.jp/users/uesugi-iichiro/financial-flow/pdf/CSR1219.pdf

⑵　この点は、ユヌス・ソーシャルビジネス株式会社だけではなく、NPO の運営においても考えていかなければならない問題である。

⑶　ヒアリング調査は野坂が担当した。

⑷　WEB ページでは、次のように紹介されている。「被災した東北の女性達にぬいぐるみを製作してもらう事で女性の雇用を創出し、また女性同士のコュニケーションの場所が生まれることにより「心のケアの場」を創出します。」。また、具体的な取組みは、以下の URL を参照のこと。

https://www.s-naissance-a.com/project/pimouchi-project/

⑸　WEB ページでは、次のように紹介されている。「アジアの貧困地のヘンプを東北で製品にし、世界に販売する事により、アジアの貧しい人々と被災女性の雇用を創出します。」。また、具体的な取組みは、以下の URL を参照のこと。

https://www.s-naissance-a.com/project/hemp-project/

⑹　プロジェクトの詳細は、以下の URL を参照のこと。

https://avantijapan.co.jp/social-business/grandmaproject

⑺　https://avantijapan.co.jp/social-business/grandmaproject

⑻　EAST LOOP の活動については、以下の URL を参照のこと。

http://www.tonotv.com/members/yamasatonet/fukkou.html

⑼　合同会社東北クロシェ村については、以下の URL を参照のこと。

http://tohoku-crochet.com/

⑽　詳細は、以下の URL を参照のこと。

http://www.newtohoku.org/

⑾　例えば、「復興応援キリン絆プロジェクト」などがある。

http://www.kirin.co.jp/csv/kizuna/

⑿　NPO 法人りくカフェは、以下の URL を参照のこと。

http://rikucafe.jp/

＜参考文献＞

Yunus, Muhammad. Building Social Business: The Kind of Capitalism that Serves Humanity's Most Pressing Needs, PublicAffairs, 2010　岡田昌治監修、千葉敏生訳『ソーシャル・ビジネス革命：世界の課題を解決する新たな経済システム』早川書房、2010年。

大杉卓三、アシル・アハメッド『グラミンのソーシャル・ビジネス：世界の社会的課題に挑むイノベーション』集広舎、2017年。

ソーシャルイノベーション研究会『震災復興に挑む、キリンの現場力』日経 BP 社、2015年。

内閣府『国民生活白書』http://www5.cao.go.jp/seikatsu/whitepaper/、2000年。

ムハマド・ユヌス「貧困を救う起業システム：ノーベル平和賞受賞者が語るソーシャル・ビジネスの可能性」、『Voice』、2014年９月号、No.441、PHP 研究所、18 - 27頁。

矢尾板俊平『地方創生の総合政策論："DWCM" 地域の人々の幸せを高めるための仕組み、ルール、マネジメント』勁草書房、2017年。

矢尾板俊平・中川直洋「ソーシャルビジネスと生涯活躍のまち」、茨城県笠間市・淑徳大学共同研究報告書「学びと就労が連動する仕組みの構築事業報告書」、2017年、80 - 90頁。

山中光茂『巻き込み型リーダーの改革：独裁型では変わらない！』日経 BP 社、2012年。

第4章

震災後の都市の整備とまちづくり

1. はじめに

　震災後の都市の整備にかかわる諸問題は、復旧、復興の両方に関係することである。道路のような交通網などのインフラや電気、ガス、水道といったライフラインは都市の整備のために必要不可欠な問題であるから、インフラやライフラインの復旧は都市の整備の第一歩である。さらに、住宅は都市の中心を占めるものであるから、住宅にかかわる問題も被災者の生活支援という復旧策としての側面がある。その一方で、都市の整備にかかわる問題をインフラや住宅といった個別事象に限定せず、より空間的にまちづくりととらえれば、それは復興策としての性格が強くなる。震災後のまちをどう描くかという問題は、復興に向けて展開されることになる。

　一般に、都市の整備とまちづくりは人々の生活のみならず、その地域の社会経済状況に大きな影響を与える。そのため、震災という大きな被害を乗り越えてこれからの地域の姿を描くという問題は、被災自治体にとっては最重要ともいえる政策課題であり、震災後の新たな都市整備やまちづくりの重要性は非常に大きい。東日本大震災によって被災した自治体の多くは、人口の減少と高齢化が進んでいると同時に、産業構造においては第一次産業の占める比重が比較的高く、財政状況も厳しい。一言で表現すれば、人口減少や経済力の停滞による過疎化が進んでいる地域が被災地の中心だった[1]。当然、これらの特徴は都

市の整備とまちづくりに影響を与える。

　これまでの日本の都市の整備とまちづくりの特徴は、地域開発を中心として、市街地を郊外に拡大させていくような事業を中心とするものであった。ただ、このモデルは高度成長期のように、財政に比較的余裕があって人口が増加している社会に適合するものである。そのため、被災した自治体のまちづくりには、市街地を郊外に拡大させていく開発中心のものとは異なる理念が必要になる。また、今回の震災は災害に強いまちづくりという理念がいかに重要かを改めて認識させた。よって、防災、減災の発想をいかにしてまちづくりに組み込むかが問われている。

　本章では、被災地を念頭におき、震災からの復興を目指すべく都市の整備とまちづくりの現状と課題を論じる。すでに平成27年度までの集中復興期間において、震災瓦礫処理や、道路、上下水道といったインフラの復旧はおおむね終了しており、今後はまちづくりを中心とした空間的な都市の整備が復興の課題になる。そのためにも、震災復興のまちづくりと都市整備をどう進めるかという問題は、その理念および具体的な方法論からの検討が重要になる。

２．都市の整備のあり方

　震災により被災した自治体の都市の整備とまちづくりへの提案は、政府の東日本大震災復興構想委員会によるものをはじめとして、多くの有識者や実務家が行っている。また、被災した自治体は震災からの復旧・復興計画を策定しているが、どの自治体でも都市の整備とまちづくりに対する施策への言及は行われている。

⑴　復興構想会議の提言

　政府の東日本大震災復興構想会議は、2011年 6 月25日に「復興への提言〜悲惨の中の希望〜」を公表した。ここでの提言は、都市整備やまちづくりをはじめ、被災者の生活支援や地域の産業復興の問題、さらにはエネルギー戦略の見

直しといった広い分野にわたっており、多くの被災自治体の復旧・復興計画にも影響を与えている。

　ただ、公表された時期からしても、復興構想会議の提言は具体的な施策を示したものというより、復興のあるべき方向性やグランドデザインを示したものになっている。しかし、被災地の都市の整備とまちづくりの問題を検討するうえでは、重要な提言が含まれている。復興構想会議の提言では、津波防災地域・まちづくりに関連する施策のイメージを掲げている（図4－1）。

図4－1　津波防災地域・まちづくりに関連する施策のイメージ

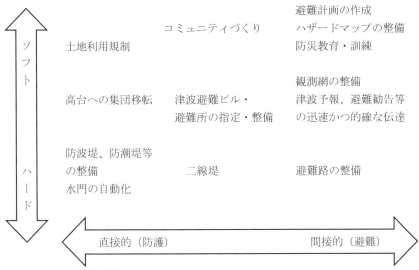

出所：東日本大震災復興構想会議（2011）6頁

　復興構想会議での提言はソフト、ハードと直接的（防護）、間接的（避難）という軸から採られるべき施策をあらわしている。ハードと直接的な施策では防波堤、防潮堤等の整備があげられている。これまで沿岸部の多くの自治体はこの視点からの防災施策を中心にして展開してきた。ただ、これらの施策だけでは不十分なことは今回の震災が証明している。後述する岩手県宮古市の田老などの地域で見るように、震災によって多くの防波堤や防潮堤が破壊された。

その点において、復興構想会議の提言では、直接的だけでなく間接的な避難という視点を強調しているところに特徴がある。

　また、提言にある二線堤は、内陸部に防潮堤のような機能をもつ盛土や道路を整備することである。実際、仙台市若林区では仙台東部道路の当該区域が盛土構造になっており、津波の内陸部への浸水を抑えた。この二線堤の考え方は、仙台市が策定した「仙台市震災復興基本計画」や宮城県が策定した「宮城県震災復興計画」においても、県道のかさ上げによる津波減災や幹線道路などの交通インフラに高盛土構造を採用するといった形で活かされている。

　一方、ハード、ソフトの軸では、ソフトの施策として防災教育・訓練とともにコミュニティづくりが掲げられている。これはまちづくりにかかわる問題である。防災、減災よりも広い視点からの提言が含まれており、都市の整備とまちづくりのあり方についても言及している。提言には、「高齢者や弱者にも配慮したコンパクトなまちづくり、くらしやすさや景観、環境、公共交通、省エネルギー、防犯の各方面に配慮したまちづくりを行う。とりわけ景観については、地域住民の徹底的話し合いと納得によって、統一感のある地域づくりが望まれる」とある[2]。このように、提言ではコンパクトなまちづくりという言葉を用いているが、それは都市計画やまちづくりの手法として注目されているコンパクトシティの発想につながるものである[3]。

　沿岸部の被災地である宮城県山元町や岩手県陸前高田市では、既にコンパクトシティを明記した復興まちづくりがすすめられている。また、宮城県の震災復興基本計画では、復興のポイントとして10項目を掲げているが、そのうちのひとつは「再生可能なエネルギーを活用したエコタウンの形成」であり、基本的にはコンパクトシティの理念にそった内容となっている。次に、震災後のまちづくりのモデルとして注目されているコンパクトシティについて説明する。

⑵ コンパクトシティとは

　コンパクトシティは持続可能な開発という世界的潮流を受け、1990年代初頭からヨーロッパを中心とする先進諸国において注目されてきた都市計画やまちづくりの手法である。それは、都市を立体的に集積させて空間をコンパクト化し、周辺地域には自然環境を保全するという環境共生型都市である。これによって、中心市街地の活性化や土地の高度利用、さらには省エネルギー化および省資源化の達成を目指すものである。このコンパクトシティの考え方は、震災後に菅直人元首相が提唱した「エコタウン」構想にも通じる。

　コンパクトシティによって得られる効果としては、①自動車交通の抑制と公共交通利用促進による化石燃料消費の減少、②都市のスプロール化の抑制による周辺地域の自然環境保全や農地・農村の保護、③高密度化と混合用途による市街地活性化、④移動距離の減少による地域コミュニティの形成・維持、⑤社会資本の有効利用による整備負担の減少、⑥歴史・文化遺産の保全といったことがあげられる[4]。

　被災地にとって特に重要なのは、④の移動距離の減少である。被災地では人口の高齢化が進んでいるため、病院等の医療施設の整備が重要になる。そのため、まちの中心部に医療施設を整備・誘導することで移動時間の短縮をはかることができる。また、⑤の社会資本整備負担の減少は財政的な利点であり、被災地の自治体にとっては重要なことである。コンパクトシティは中心部に都市機能が集中するので、インフラ整備は中心部に対して集中的に行われる。従来の市街地を郊外に拡大していくようなまちづくりでは、まちの拡大と同時にインフラ整備も広く分散して行うことが必要になる。その点をみれば、コンパクトシティはインフラ整備の建設費や維持管理のコストが節約されるという利点がある。なお、コンパクトシティの理念を取り入れている諸外国の都市では、自動車利用の制限、人口や住宅密度のコントロール、さらには混合用途の土地利用促進といった施策が実施されている。

コンパクトシティの姿を客観的な指標を用いて表現したのは、ニューマン・ケンワーシー（1999）である。ここでは、省エネルギーに着目してコンパクトシティを定義づけている。2次元上の図の縦軸に1人当たりのガソリン消費量をとり横軸に人口密度をとった場合、図の右下方に配置される都市をコンパクトシティと規定した。これは、都市機能が集中するために人口密度は高くなるが、自動車交通量は減少するのでガソリン消費量は少なくなることを示している。一方、この図の左上に位置する都市は拡散型都市と規定した。これは、まちが郊外に拡散して自動車依存が進んだ状況を示している（図4−2）。主に、ヨーロッパの各都市は右下の方に位置し、北米の各都市は左上に位置している。

図4−2　コンパクトシティのイメージ

出所：筆者作成

　さらにコンパクトシティは、防災や減災に対応できるのがメリットである。可能な限り沿岸から奥まったところに中心市街地を形成し、周辺地域は防潮林などで自然の防波堤を形成し、人工の防潮堤や防波堤とともに中心市街地を守ることが可能になる。そして、高齢者にもやさしいのがコンパクトシティの特徴である。今回の大津波で被害にあった人の多くは高齢者であり、沿岸部に居住する高齢者の逃げ遅れが顕著であった。そのことを考えれば、高齢者ほど内部に居住することが望ましいが、そのためには、自動車に頼ることなく徒歩、

もしくは自転車で生活が可能となるコンパクトなまちづくりが必要になる。まちがコンパクトであれば、コミュニティバスなどの公共交通機関も整備しやすく、時に交通弱者となる高齢者の利便性を失うことはない。

　このように、コンパクトシティの理念にそった都市の整備とまちづくりの有効性は高いと考えられるが、果たして、住民の意思がそのような方向性を支持しているのかが重要になる。住民の意思が震災前の原状復帰を望むのであれば、コンパクトシティの理念にそったまちづくりの理解を得るのが難しくなるからだ。実際、被災地のなかでも積極的な住民参加がすすんだ地域ほど、まちの復興整備が進んでいるという現状がある。住民参加は復興のまちづくりを進めるうえでも原動力になるため、被災地の住民のまちづくりに対する意識をみることは重要である。次節では、まちづくりに対する被災地の住民の意識をみることにする。

３．都市の整備とまちづくりに対する被災地住民の意識

⑴　まちの規模に対する意識

　最初にとりあげるのは、震災復興に対して、震災以前のまちの規模を目指すのか、それとも、被災地の実情に合った規模のまちを目指すのかである。震災発生以降、特に沿岸部においては人口流出が続いており、財政面での制約と合わせれば、これまでのまちの規模を維持することが困難になっている。このことは、震災後のまちづくりを考えるうえでの基本的な立場に影響を与えると同時に、コンパクトシティが震災後のまちづくりのモデルとして住民の納得が得られるかに関係する。

　被災地の住民はまちの規模についてどのように考えているのだろうか。以下の図４－３は、まちの規模として、「災害の前と同じ規模のまちにする(ア)」のか、それとも「災害の前と規模が変わっても実情に合ったまちにする(イ)」のかを尋ねたものである。ここで、実情に合ったまちというのは、人口減少や津波

の影響を考慮すれば、それはまちがコンパクトになることを示している。

図4－3　まちの規模について

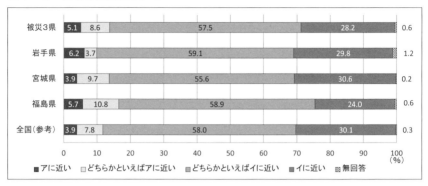

注1：調査時期　2015年12月12日～12月20日
注2：有効回収数　全国・2,549人　被災3県・1,368人　岩手県・324人　宮城県・588人　福島県・456人
注3：選択肢のアは「災害の前と同じ規模のまちにする」で、イは「災害の前と規模が変わっても実情に合ったまちにする」である。
出所：河野啓・仲秋洋・原美和子（2016）より作成

　被災3県では、「災害の前と同じ規模のまちにする」という意見は13.7％である（どちらかといえばアに近いも含む）。その一方、「災害の前と規模が変わっても実情に合ったまちにする」という意見は85.7％であり（どちらかといえばイに近いも含む）、被災地住民の80％以上は地域の実情に合ったまちづくりを志向している。このように、実情に合ったまちづくりを志向する意見が多いことは、コンパクトシティを進めることと整合的である。

　被災3県を県別にみてみると、おおむね岩手県、宮城県、福島県の順で実情に合ったまちづくりを志向する意見が多いことがわかる。このことは、もともとのまちの規模や震災の被害の大きさを示すものであると同時に、被害状況にも依存していると考えられる。特に、福島県では津波による被害とともに、福島第一原子力発電所の事故が影響していると思われる。多分に人災的な要素が強い事故により強制的にまちから避難させられたという経緯は、元のまちに戻るのだという強い意識を産んでいるように思われる。

(2) レベル1規模の防潮堤に対する意識

　次に、沿岸部の被災地にとって大きな問題となっている防潮堤についての意識をみる。レベル1規模の防潮堤とは、100年に1回程度発生するような津波に耐え、人命や財産、さらには経済活動を守るような防災の性能を満たしたものをいうが、いくつかの地域ではそのような防潮堤が必要なのかという議論がある[5]。レベル1規模の防潮堤についての賛否は以下のようになっている（図4－4）。

図4－4　レベル1規模の防潮堤建設の賛否について

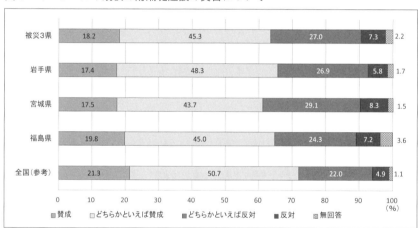

注：調査時期と有効回収数は図4－3と同様
出所：図4－3と同様

　被災3県では、レベル1規模の防潮堤の建設に賛成する意見は63.5％であり（どちらかといえば賛成も含む）、反対する意見は34.3％である（どちらかといえば反対も含む）。全国と比較すると、被災3県では反対の意見が多くなっている。なかでも、宮城県は反対の意見が他の2県と比較してやや多くなっている。

　宮城県では村井嘉浩県知事の強いリーダーシップもあり、レベル1規模の防潮堤の建設に対しては積極的な姿勢をとっているが、一部の被災地では、必ず

しも住民の合意が得られていないという実情がある。では、レベル１規模の防潮堤に反対する理由としては何があげられているのだろうか。その点についてみたものが、以下の図４－５である。

図４－５　レベル１規模の防潮堤建設に反対する理由（複数回答）

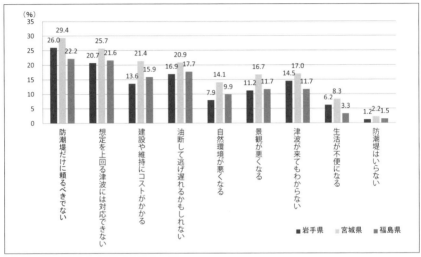

注：有効回収数は図４－３で反対とどちらかといえば反対の回答の合計
出所：図４－３と同様

　被災３県で１番多く反対の理由としてあげられているのは「防潮堤だけに頼るべきでない」であり、その次には「想定を上回る津波には対応できない」があげられている。今回の大津波は、多くの防波堤や防潮堤を破壊しながら内陸部に進んでいった。このことが反対の理由となっていることが推測される。これらの回答に続くのが「建設や維持のコストがかかる」である。被災地の自治体が置かれた厳しい財政状況を考えれば、コストの制約は無視できない問題である。被災地の住民にもコストに関する感覚が一定割合でも存在することは、ばら撒き型の復興策や、被災地だから国の予算、ひいては他の地域の負担に頼ってもよいとする風潮への抑止力としても注目される。

　また、「油断して逃げ遅れるかもしれない」と「津波が来てもわからない」

という理由が一定の数を占めている。高い防潮堤は海をふさぐような形になって視界をさえぎることになるので、津波の襲来に気づくのに遅れるという問題もある。これらの意見は、津波対策を防潮堤だけに頼ることの限界を示唆するものと考えられる。なお、「自然環境が悪くなる」や「景観が悪くなる」といった意見も、建設反対の意見としてあがっている。三陸沿岸部の海は津波の恐怖こそもたらすが、普段は豊かな自然の恵みであり、地域の重要な資源である。そして、漁業関係者にとっては、海は生活の糧でもある。これらのことが、なるべく海の近くにと居住を求めたことにもつながるが、大震災後でもレベル1の防潮堤に反対する意見があることには、三陸沿岸部という地域性も多分に影響していると考えられる。

4．東北地方の津波被害と民間伝承

　本節では、過去の地震津波による被害の教訓を紹介する。それは、現在にも建造物や民間伝承として残っているものである。ここでの意図は、過去からの教訓をふりかえることで、復興のための都市の整備とまちづくりに対する示唆を得ることである。

⑴　貞山堀と波分神社

　これまで三陸海岸沿岸部は、貞観地震津波（869年）、慶長地震津波（1611年）、明治三陸地震津波（1896年）、昭和三陸地震津波（1933年）、チリ地震津波（1960年）、そして東日本大震災（2011年）等に見舞われてきたが[6]、江戸時代の慶長地震津波からの復興では、仙台藩の始祖である伊達政宗が登場する。

　慶長地震後、伊達政宗は黒松の植林を積極的に進める。政宗のおくり名は貞山（ていざん）というが、その名前が冠された貞山堀（貞山運河）は、阿武隈川河口と名取川河口を結ぶ海岸に平行して作られた運河のことである。現在、

貞山運河と呼ばれるものは、全長約49キロメートルにわたって仙台湾沿岸を繋ぐ運河群のことである。それは、①北上運河（13.9km。石井閘門（旧北上川との接点）から鳴瀬川河口まで。明治時代に開削）、②東名運河（3.6km。鳴瀬川河口から松島湾まで。明治時代に開削）、③松島湾、④貞山運河（31.5km。松島湾・塩釜港から阿武隈川河口まで。江戸時代に開削）のことである。

　貞山堀の建設は今でいう震災復興事業のひとつといえるものであり、黒松には防潮林としての機能と併せて、津波の勢いを止める意図があったと言われている。貞山堀は東日本大震災による大津波によって破壊されたが、堀には津波の勢いを軽減する一定の効力があったことが認められている。2013年に宮城県は「貞山運河再生・復興ビジョン」を策定し、減災を目的とした防波堤としての貞山堀の復興が進められている。

　1702年頃には「波分神社」が、今の仙台市若林区霞目（かすみのめ）に建立された。この神社は海岸から約5.5キロ離れた場所に建っており、この周辺で津波が二手に分かれて引いていったことを示していると伝えられ、津波の浸水地域との境目に建てられたと言われている。この伝えは、「ここより海の方に家を建てるな！」という意味での民間伝承になった。今回の津波は仙台東部道路にせき止められる格好ではあったが、この神社の約2キロ手前で止まっている。この伝承が活かされていれば、仙台市若林区の荒浜地区の被害は相当少なかったことになるが、このような伝承はすでに途絶えていたという指摘もある[7]。ただ、この伝承は今後のまちづくりを考えるうえでの警告として活かされるべきであろう。すなわち、伝承を活かしたまちづくりが肝要なのである。

(2)　津波てんでんこ

　岩手県釜石市の小中学校では「津波てんでんこ」と呼ばれる民間伝承に基づいた津波避難訓練を採用していた。てんでんことは個人をあらわす意味の言葉で、海岸で大きな揺れを感じたときには、津波が来るから肉親にもかまわず、

各自がばらばらに一刻も早く高台に逃げて、自分の命を守れという言い伝えである。この言葉が標語として定着したのは1990年代以降であるが、釜石市をはじめとした三陸地方の沿岸部では、昔から前述した意味の内容が伝承されてきたと言われている。

　震災当日、岩手県釜石市内の小中学校では、全児童・生徒計約3,000人が即座に避難したため、生存率は99.8％にも達した。この出来事は「釜石の奇跡」と呼ばれ、津波てんでんこの教えの正しさがあらためて実証された[8]。地震の後に、裏山への避難を制することで多くの犠牲者を出した宮城県石巻市の大川小学校の事例とは対照的な結果となっている[9]。

　ただ、津波てんでんこの考え方は、肉親や周りの人を考えずに自分だけ逃げればいいとか、自分勝手であると曲解されてしまう。実際は、津波はそれだけ怖いものであるということを強調したものであるが、自分だけ逃げるという意識が行動を躊躇させ、地域によっては今回の震災でもその考えが完全に徹底できたわけではない。

　前述した東日本大震災復興構想会議の提言においても、防災教育・訓練の充実はソフト関連の施策として重要視されている。今回の釜石市の事例は防災教育においても重要な示唆を与えるものであり、民間伝承を活かした防災教育・訓練を実施することが必要である。

5．都市整備とまちづくりの課題

　本節ではこれまでの検討をもとに、被災地のこれからの都市の整備とまちづくりの課題を論じる。まずは、コンパクトシティをすすめるための方策について論じ、その後に、沿岸部の被災地にとっては重要な問題である防潮堤の整備にかかわる問題を論じる。

(1) コンパクトシティを進めるために[10]

今後、被災地においてコンパクトシティの理念にそったまちづくりを進めるためには何が必要なのだろうか。税制や補助金を通じた財政的な誘導策も必要であろうが、何よりも重要なのは、地域住民のコンパクトシティに関する理解と住民との合意形成であろう。もともと被災地の多くは豊かな自然環境を有しており、自然環境の保全という観点からはコンパクトシティを推進する力はあまり強くない。そのような状況では、強引にコンパクトシティを進めると、住み替えの強制による地域コミュニティの崩壊としか認識されない恐れがある。

このことは、津波対策として沿岸部の被災地の自治体が検討している住居の高台への集団移転にも通じる。高台への集団移転は東日本大震災復興構想会議においてもとりあげられている施策であるが、いくつかの被災地では住民との合意が十分に得られず、集団移転がいまだに進まないところがある。大津波を経験しても移転が進まないのは、住替えの強制による地域コミュニティの崩壊としか認識されないからである。その一方、集団移転が進んでいるところは、もとの地域コミュニティを維持したまま移転するといった工夫がみられる。高台への集団移転は海の近くから内部に住居を移し変えることであるから、コンパクトシティの理念とは矛盾しない。まちづくりに関する施策の組み合わせとして、コンパクトシティの推進と高台への集団移転は整合性がある。そのため、高台への集団移転を推進することはコンパクトシティを進めるうえでも必要なことである。

一方、コンパクトシティの先駆的都市としてあげられるのは、青森市と富山市である。両市はコンパクトシティの理念にもとづいたまちづくりを早くから表明し、まちづくり三法のひとつである「中心市街地活性化法」によるところの中心市街地活性化計画の認定を最初に受けている。両市とも地方都市であり、被災地の都市と同じような問題を抱えている。しかし、近年コンパクトシティによるまちづくりがあまり進展せず、期待した効果が出ていないことが指

摘され、現実にもその兆候が出ている[11]。さらに両市の住民のなかにも、住み慣れたところから離されるのではという意識もあるという。この点で国土交通省は、一極集中ではなく多極型を目指し、強制的な集約ではなく誘導による集約を謳っているが[12]、逆にみれば、住民からのコンパクトシティに対する理解が十分に得られていないという証でもある。

　第3節でもみたように、被災地住民の80%以上は地域の実情に合ったまちづくりを志向している。このことをかんがみれば、被災地でコンパクトシティの理念にそったまちづくりを進めることと整合的であり、住民の合意は得られやすいと思われるが、住み替えの強制という感覚をもたせないように進めることが重要である。また、青森市や富山市の例をよく検討することも必要である。両市のコンパクトシティは中心市街地への集積による地域経済の活性化ということに重きをおいていた部分が多分にある。その点で被災地は、地域経済活性化が1番の目標ではなく、安全、安心の暮らしという視点を貫くことがコンパクトシティの形成には重要である。

　前節でとりあげた波分神社の話は、まちがコンパクトであることが望ましいことを示しており、先人の知恵ともコンパクトシティは整合的である。そのためにも、震災復興のまちづくりとして、コンパクトシティを視野にいれた都市計画マスタープランの改定を行い、まちづくりの理念はコンパクトシティにあることを明記すること、そして、地域コミュニティの維持のためにも住民との合意形成に最大限の配慮をすることが必要となる。この点では、住民参加を積極的に進め、早期に集団移転を達成した宮城県岩沼市の「玉浦西地区」の例が参考になると思われる。岩沼市の事業は、都市計画の進歩、発展に顕著な貢献をしたとして、2016年に日本都市計画学会から石川賞を受賞した。受賞理由としてあげられているのは、地域コミュニティを主体とする復興まちづくりを実践したことである。

　そして、コンパクトシティの形成には公共交通整備に関する施策も必要にな

る。被災地では従来から自動車社会が浸透している一方で、人口の高齢化により自動車での移動ができなくなる人が増えている。今さら自動車をとりあげるのは現実的ではなく、被災地には自動車で自由に移動できる人と交通弱者が共存しているのが現実である。鉄道整備に頼るのも限界があるため、一部の被災地で導入されているBRT（バス高速輸送システム）を積極的に推進することが必要である。

　さらなる施策としては、自治体が海岸近くの土地所有者から定期借地を利用して土地を賃借し、そこに必要な公共施設や防災施設を建設し、海岸近くの土地所有者に内部への居住を促すことも検討する必要がある。定期借地権の契約期間は最低でも10年であるため、自治体は当初から契約更新も視野に入れた長い期間で契約を締結することが重要になるが、土地所有者にとっては、海岸線近くの保有地を安定した借り手に賃貸したことと同じになるので、土地をそのまま保有し続けるよりもメリットが得られる。郊外の不動産価格の低下がコンパクトシティ推進の反対意見としてしばしばとりあげられるが、被災地にとっては、中心部から離れた沿岸部を居住以外で如何に整備するかが問われるのである。

⑵　防潮堤に頼ることの限界

　第3節ではレベル1規模の防潮堤に関する意識についてみたが、防潮堤に対する考え方は被災地においても異なった様相をみせている。震災後に出された防潮堤整備計画をめぐって、宮城県の一部の地域では住民から反対や疑問の声が出たが、岩手県では県が提案する防潮堤の高さが低すぎるという意見を示している地域もある。そもそも岩手県は津波対策の中心的な施策として防潮堤整備を進めてきた。なかでも、沿岸部の宮古市田老の防潮堤は海外からも視察に訪れるなど有名である。それには、田老がこれまでの地震津波によって多大な被害を受けてきたことと地理的状況が関係している。一例として、田老の防潮

堤整備を紹介する。

1896年に起きた明治三陸地震では、県の記録によると田老村（当時）の345戸は一軒残らず流され、人口2,248人中1,867人（83％）が死亡したとされている。また、田老は1932年の昭和三陸地震でも大きな被害を受けた。その時には559戸中500戸が流失し、死者と行方不明者数は人口2,773人中911人（32％）であった。一家全滅は66戸と、死者数、死亡率ともに三陸沿岸の村々のなかで最悪の被害を受けた[13]。田老が受けた被害は、後の田老のまちづくりに大きな影響を与えた。

田老は1934年から防潮堤建造を中心とした防災施策を展開することになる。これには、田老には500戸を超えるような集団移転が可能な高台が見当たらなかったことも大きく関係している[14]。防潮堤建造は戦争もあり一時中断したが、1966年には総延長2,433メートル、基底部の最大幅25メートル、地上高7.7メートル、海面高さ10メートルにまで整備された。この防潮堤は海側と町側の２つの堤がX字に交わるという二重構造であり、その大きさから万里の長城とも呼ばれている。しかし、東日本大震災による津波は高さ約40メートルにもおよび、この防潮堤を乗り越え建造物を壊しながらすすみ、まちに大きな被害を与えた。

なお、田老は防潮堤だけではなく、地域ぐるみの防災活動をはじめとして、防潮林や津波による避難経路、さらには高台に津波避難地を整備するなど、さまざまな防災施策を展開してきた。そのため、他地域と比較して地震発生からの避難は早かったといわれている[15]。田老の例は、防潮堤に頼ることの限界と、避難経路の確保や地域ぐるみの防災活動といった身近な活動も重要であることを示している。ハードとソフトの融合が必要なのである。

防潮堤には公共財としての側面がある。それは、津波からの安全というサービスを広く住民に与えるからである。しかし一方で、防潮堤の存在自体が景観や自然環境を損ない漁業や観光の障害になること、さらには、それが海への視

界を遮り、津波の到来に気づかなくなるという負の影響をもたらすこともある⑯。このような負の影響は金銭的な支払いが生じないという意味で目に見えないコストであり、経済学的には機会費用と呼ばれるものである。住民は機会費用という言葉を知らなくても、その意味するところは感覚的に意識しているが、行政は支払いが生じないので意識しない。こういった負の側面の認識を住民と行政との間で共有できないと、防潮堤建設をめぐる混乱は続くことになる。

　その点、防潮堤整備の法的根拠となる海岸法の規定に戻ることは重要である。同法第2条の3では、「都道府県知事は、海岸保全基本計画を定めようとするときは、あらかじめ関係市町村長及び関係海岸管理者の意見を聴かなければならない」と規定しており、さらに「関係海岸管理者は、前項の案を作成しようとする場合において必要があると認めるときは、あらかじめ公聴会の開催等関係住民の意見を反映させるために必要な措置を講じなければならない」と規定している。この意義がまさに問われている。

6. おわりに

　東日本大震災は自然災害の恐怖をまざまざと知らしめると同時に、日本は災害大国であることをあらためて認識させた。そのため、都市計画やまちづくりに、防災や減災という視点は欠かすことができない。そして、ますます進行する少子高齢化や環境との共生ということも踏まえれば、本章で展開したコンパクトシティは、被災地の復興まちづくりの有力なモデルになるだろう。特に被災地では高齢化率が高く、交通面でも負荷のかからないコンパクトなまちづくりが求められている。

　その際には、コンパクトシティは、決して中心市街地を拠点とする地域経済活性化の手段としてとらえてはいけない。地域経済活性化という政策目標には、別の政策が必要であり、まちづくりと地域経済活性化を結びつける必要は

ない。居住の安全、快適、便利な暮らしを第一目標にするものが、震災復興の
都市の整備とまちづくりに必要不可欠である。

<注>
(1)　1995年に起きた阪神・淡路大震災は兵庫県神戸市を中心とした都市直下型のものであ
　　り、東日本大震災との大きな違いである。
(2)　東日本大震災復興構想会議（2011）7頁。
(3)　一般社団法人再開発コーディネーター協会（2012）の提言もコンパクトな都市づくりを
　　目指したものである。
(4)　コンパクトシティの詳しい説明は矢口（2010）の131頁で紹介している。
(5)　レベル1規模の防潮堤よりもさらに大きいものがレベル2規模の防潮堤である。これは
　　1000年に1回程度発生するような津波を想定している。これは、人命を守るほか、経済的
　　損失の軽減、大きな二次災害を引き起こさない、早期復旧を可能にするといった減災の性
　　能を満たしている。
(6)　1978年6月12日にはマグニチュード7.4の宮城県沖地震が起きた。この地震は、死者28
　　人、負傷者1,325人、建物の全半壊がおよそ7,400戸という被害を与えた。特に家屋倒壊の
　　被害が甚大であったことは、3年後の1981年の建築基準法の改正につながった。この改正
　　の要旨は建築物の耐震基準の強化であり、建築物の耐震化の強化を図るきっかけとなる地
　　震であったが、津波は仙台港等で最大30センチほどであった。
(7)　河北新報（2011年4月10日　朝刊）では、昔からの教訓が活かされなかった例を取材に
　　よって紹介している。
(8)　釜石市では奇跡という言葉は使用せず、「釜石の出来事」としている。
(9)　2016年10月26日、仙台地方裁判所は学校側の過失を認定し23人の遺族に計約14億円の支
　　払いを石巻市と宮城県に命じたが、石巻市と宮城県は判決に不服として仙台高等裁判所に
　　控訴した。その後、裁判は最高裁まで争われ、2019年10月には石巻市と宮城県の上告を退
　　ける決定をした。
(10)　以下の論述は矢口（2011）をもとに、近年の動向を含めて拡張したものである。
(11)　青森市では、中心市街地活性化策として期待された多目的ビルの「AUGA（アウガ）」
　　が経営不振におちいり、全ての商業施設を閉店することになった。
(12)　国土交通省資料「コンパクトシティの形成に向けて」（2015年3月）より。
(13)　当時の被害状況については、記録文学に分類されるものであるが、フィールドワークを
　　通して丹念な聞き取りを行っている吉村（2004）が詳しい。同書では、津波てんでんこに
　　相当する民間伝承が一部の地区には存在していたことを示している。

⑭　山下（2003）167頁。

⑮　この点については、産経新聞（2011年4月13日　第10面　オピニオン）特集記事を参照のこと。

⑯　長峯（2013）では防潮堤整備にかかわる問題を便益と費用から論じている。費用には建設、維持管理費用といった金銭的な支払いが生じるものだけでなく、目に見えないコストである機会費用も考慮している。

＜参考文献＞

河野啓・仲秋洋・原美和子「震災5年　国民と被災地の意識～「防災とエネルギーに関する世論調査・2015」から～」『放送研究と調査』2016年3月、28－70頁。

社団法人再開発コーディネーター協会大震災等支援本部「東日本大震災中心市街地の復興と再生に向けて―市街地再開発事業等を活用した復興の提言―」一般社団法人再開発コーディネーター協会、2012年5月、1－35頁。

長峯純一「防潮堤の法制度、費用対便益、合意形成を考える」『公共選択』第59号、2013年2月、143－161頁。

東日本大震災復興構想会議「復興への提言～悲惨の中の希望～」2011年6月25日。

矢口和宏「コンパクトシティ―東北からの挑戦―」丸尾直美・三橋博巳・廣野桂子・矢口和宏編著『ECOシティ』中央経済社、2010年、131－149頁。

矢口和宏「時間軸を基本にすえた復興策を―コンパクトシティによる都市づくり―」『改革者』、2011年9月、38－41頁。

山下文男「三陸沿岸・田老町における「津波防災の町宣言」と大防潮堤の略史」『歴史地震』第19号、2003年、165－171頁。

吉村昭『三陸海岸大津波』文春文庫、2004年。

Newman P. and Kenworthy J., *Sustainability and Cities*, Island Press, Washington, D.C., 1999.

第5章
震災後のこころのケア
―精神医学・精神保健的アプローチを中心に―

1．はじめに

　「こころのケア」という言葉は、阪神・淡路大震災を機に広く用いられ始めたが、それをはるかに上回る未曾有の大災害となった東日本大震災では、こころのケアの重要性がクローズアップされた。被災者数が莫大であるうえに、東日本大震災におけるこころの問題からの回復は、阪神・淡路大震災の際に比べて遅い印象があると指摘されている[1]。こころの復興はまだまだ途上なのである。一方で、年月の経過とともに、これから震災への共感や関心が薄まることは避けられない[2]。

　そこで本稿では、震災におけるこころのケアの実際について、東日本大震災の現実を見つめて可視化を図る。そして、さらなる復興、ならびに未来の震災に備えるための要点をとらえることを目的とする。こころのケアは長い闘いとなりがちだが、だからこそ早い対処で問題を長続きさせないケアの普及と、社会的に忘れられないような啓発が重要であることを受けとめてほしい。

2．目に見えないこころの問題に目を向ける

　地域の対処能力をはるかに超える災害は、多くの人の心と身体を傷つける。震災後のこころのケアは、災害による心理的ダメージの大きさと広さゆえに重要である。自分が無事であっても、家族や地域の仲間を亡くすことでこれまで

経験したことのない悲嘆や絶望感に襲われる。そのことは慣れ親しんだ街並みや日常空間が突然失われる喪失体験などとも大きく関連している。高齢者や障害者は、避難やその後の生活適応でさらに不自由を生じる災害弱者となる。避難生活に捜索、葬祭、復興作業がなだれ込んで心身ともに疲弊する。コミュニティ内は不確かな安否情報や流言に振り回され、外部からは善意の押しつけや心ない中傷も浴びる。将来の生活の心配も、突如に寸断された人生の意味を問われる実存的な苦しみも避けられない。これらいずれもが、多様なこころの問題につながる。

　しかし、こころの問題は外から見えないうえに、その理解に心理学の素養が必要とされることもあって誤解が多い。大きな自然災害に際して多く見られる有害な誤解が、3つほどあるので挙げてみたい。まず、一時的につらくても我慢していれば落ち着く、気分転換すれば何とかなるといった、日常の不快事象と同等にしか理解できていない過小評価である。2つ目は逆に、被災した場合には必ずこころの問題に苦しむはずという、単純かつ破局的なイメージである。東日本大震災に関しては、臨床的に問題となるような心理的ストレス状態や抑うつ状態は、研究によってばらつきはあるが5〜15%程度被災者にみられている[3]。3つ目は、災害時のこころの問題というと、後述するPTSDのイメージしかできない人が少なくないことである。実際には、平時から一定程度見られるこころの問題、さらに疾患の増加や悪化も重大であった。宮城県の精神科医療機関を対象とした調査によれば、震災後の早い時期に、特に統合失調症圏の新規入院数が増加しており[4]、また、よく知られた不適応行動である不登校やアルコール依存なども目立ってきた[5]。アルコール依存の問題については6章で詳しく述べているので、本章では東日本大震災からわき上がった多種多様なこころの問題を広く取り上げ、理解をうながしたい。こころの問題の正しい理解も、震災復興には必要なのである。

⑴ 不安のさまざまな形

① 心的外傷後ストレス障害（PTSD）

眼前の生活の確保に関する具体的な不安から、将来不安、生き方に関する実存的な不安、ただ漠然とした不安まで、災害によってさまざまなかたちの不安が生じる。精神医学的には、理由のある不安のほとんどは一過性の「正常」な反応である[6]。

一方で、異常な、あるいは了解困難な形で起こり続ける不安、それによる心身の著しい不調は、心的外傷後ストレス障害（PTSD）などの問題が疑われる。

今日でいう PTSD に近い疾患概念は19世紀からあり、鉄道事故や従軍などに関連して指摘されてきたが、アメリカで同性愛に関する圧力団体への対応に伴って、1980年に今日の名称で確立された[7]。正式の診断基準は複雑であるが、スクリーニングとしては例えば、表5－1の3項目で「三大症状」を確認することでとらえられる。

表5－1　PTSD の「三大症状」をとらえる質問例

侵入	思い出したくない出来事を、思い出してしまうようなことはありますか。
過覚醒	悪夢を伴う不眠または、音などに過敏に反応してしまうなど、神経過敏状態にありますか。
回避麻痺	今、その出来事をなるべく考えないようにしていますか。

出所：重村（2011）

ただし、その後診断基準の改訂があり、現行版である DSM-5では、PTSDはこの3症状から拡張されて、侵入症状、回避症状、認知と気分の陰性の変化、覚醒度と反応性の著しい変化の4症状からとらえることとなった。また、疾患単位ではなく PTSD 的な症状を指したい場合には、心的外傷後ストレス反応（PTSR）という表現が用いられる。

PTSD の診断には、症状が1か月以上続くことと、原因と考えられる出来事から1か月以上の経過が必要である。被災から期間が経っていない間の問題は

急性ストレス障害（ASD）として区別され、経過後から PTSD として扱われる。

　ただし、東日本大震災において、PTSD は思われているほどには多くなかったという指摘が多い[5)8)9)10)]。「こころのケア」の概念が広まるきっかけを作った阪神・淡路大震災の時よりは、心理的支援に関する学術的知見と社会的理解との双方が充実し、未然防止や早期回復に寄与したと考えられる。佐賀県から派遣された「こころのケアチーム」の活動では、適切なケアがされないと ASD から PTSD へと移行するのではと考えられた症例が多かったと報告されており[11)]、後述する PFA などの普及が有効であったことがうかがえる。

　ただし、知名度自体は高まっても、PTSD についてはメディア等から不正確な知識が入りやすい。PTSD の支援が優先されがちで他の問題に焦点が当てられにくいことは、テレビなどの報道の影響が多分にあると考えられる[9)]。震災関連死に関する復興庁の報告書には、「マスコミは、まるで「心のケア対策」なる明確なものが、存在し、それを行えばさまざまな被災者の心が解決すると報道する傾向にある」と、マスコミの報道姿勢に対する苦言が見られる[12)]。マスコミによる啓発を適切にするために、まずはマスコミ自身が阪神・淡路、東日本大震災等を通じて「復興とは何か」をしっかり学ばなければならないであろう。

②　映像による不安

　DSM-5の診断基準では、業務による場合を除き、映像や画像を通しての「トラウマ体験」は PTSD の出来事基準に含めない。しかし、PTSD という名前を伴わなくとも、心理的な害は明らかである。

　わが国のテレビ報道は、従前の感覚から遺体自体は放映されなかったものの、津波に流されていく状況や、原子力発電所の水素爆発の映像は、ある時期まで繰り返し映し出された。また、報道倫理どころではない私人の撮影物や、余震や放射線障害の不安を煽る「ポストトゥルース」的動画がウェブ上にあふ

れたのも、東日本大震災の特徴であった。実際に、直接の被災者以外でも、被災映像の反復や長時間視聴が心理的悪影響につながっている[13)14)]。放送サイドは、嫌なら報道を観なければよい、消せばよいという考えだが、それでもテレビをつけておかないと貴重な情報から取り残される不安から、むしろつけたままになる[9)]。地震速報を逃さないようテレビをつけたままにすることで、不眠傾向の悪化が起こる[15)]。

　映像の影響力は強い。宮城県の高校では、震災から1年半後でも、津波映像を偶然目にして保健室へ運ばれる生徒が多く出ている[16)]。震災後数年が経ってもなお、震災関連動画の一度の視聴で不安状態が亢進するという実験結果があり[17)]、年月が経っても取り扱いには注意すべきである。

③　被害を拡大させる不安

　不安は、日常と異なるものごとを警戒し、防御行動をとらせるはたらきをもつ感情である。しかし、災害下ではPTSDのように個人の適応を妨げるだけでなく、買い占めなど社会を害する行動を誘発し、時には他者の生存さえ脅かす。

　震災の際に自家用車での行動は避けるべきという啓発にもかかわらず、今回も不安ゆえの安否確認を目的に、多数の人が車で乗り出した[18)]。これで被災に巻き込まれたり、渋滞を起こして救助車両を妨害し、無関係の人々を落命させたりといった本末転倒も相当数あったことと思われ、より強い啓発の努力が求められる。

　震災直後は、急性ストレス反応による過覚醒から、他者への不信感が生じやすい[10)]。避難所では対人トラブルが頻発した。さらに、今回の震災では、被災者の力になっているはずの方向へも攻撃が広がった。不安が「攻撃性への転嫁」に結びついたことは、東日本大震災の大災害ならではの特異性であり、「東日本大震災では政府、東京電力、報道機関など震災についてもの語る人すべてが攻撃対象になった」のであった[19)]。これら自体やそこへの刺激や便乗が、

復興を妨害したことは言うまでもない。

④ 放射線への不安

　チェルノブイリ原子力発電所事故の被害による、作業員以外での身体医学的な問題は、事故直後の汚染を受けた乳製品などによる甲状腺がんの平時よりの増加が、確証されたほぼ唯一のものである。一方で、心理的影響については必ずしも知見が一貫しないものの、事故から長期間が経過しても自覚されるが、状態を重く見せようとする疾病利得、つまり状態を重く見せるメリットを意識するような文化が関わっている可能性を指摘している[20]。原子力事故の一般市民への影響は、心理的なものが大きいのである。

　チェルノブイリの事故のときも、煽られた不安やそれによる過剰避難がもたらした精神的問題のほうが大きかった[21][22]といわれており、日本社会が冷静に学ぶことで不安が落ち着くことを望みたい。しかし、放射線の影響に対する不安の改善については、科学リテラシーが高い人ほど進みやすいようであり[23]、届いてほしいところには届かない歯がゆさがある。

　長期的影響についても、同様のことが言えそうである。チェルノブイリ事故では、親が放射線への不安にとらわれることが、子どもの心理面に明らかに悪影響を及ぼしたことが明らかになっている[24][25]。日本学術会議からの報告書は、胎児への医学的な影響は見られないと結論しており[26]、南相馬市立病院で震災の健康影響の研究に取り組んだ研究員[27]は、これから福島県で生まれ育った子どもに心理的悪影響が出るとしたら、メディア等の影響によるだろうとしている。社会的排除が苦しみを増大させる「社会の病」[23]の側面に留意した支援や報道、社会運動を求めたい。

⑵ 避難生活が生むこころの痛み

① 避難ストレス

　生活上の変化への再適応の負担がストレスを生じることは、健康心理学では

旧知のことである。特に震災による避難は突然かつ不本意で、ほぼ例外なく前より悪い環境への移動であり、ストレスは強大である。

福島県では、法的な「強制避難」を強いられた地域もあり、それ以外でも風評被害や不安などから長期的な避難が選ばれやすく、避難者が災害関連死の過半数を占めるに至った。飯舘村でも活動した放射線医[21]は、避難後に起こる高齢者死亡率の大幅な増加を指摘し、本末転倒な過剰避難をいさめた。ふくしま心のケアセンターの3年間の支援データからは、居住環境の変化が健康問題と連動することが示唆されている[28]。センターへの2012年度の相談件数では、背景にある主な原因別の割合で、「居住環境」は2月を除いて常に毎月の1位に位置している[29]。

精神医療の初診が増えた[30]だけでなく、震災前からあった精神疾患や精神的問題も、生活激変のためにしばしば悪化した。被災地域の認知症疾患医療センターでは、入院した多くは家や地域を失って悪化した高齢者であり[31]、認知症の受診の増加も同様の機序であった[32]。また、服薬習慣が確立されていた精神障害者が、津波等で薬剤自体を失ったために再発や増悪に陥った例も少なくない。南三陸町のある避難所では、服薬中断から幻覚や独語を生じた統合失調症患者を、他の避難者が警察へ通報する事態が起きた[33]。また、子どもへの心理的支援が必要となった例の中には、精神疾患が寛解状態にあった保護者が、震災後の生活の一変のために再発に見舞われ、このために子どもに問題が生じたと思われるものも多く見られた[34]。

② 避難所のプライバシーと心理的苦痛

カタカナ語であることからも感じられるように、わが国でのプライバシーの意識の高まりは、ここ数十年のことである。これが、高いプライバシーの確保が困難である避難所生活に、昔経験しなかったような苦痛を伴わせ、そのため避難所の造営や運営にも、この配慮の負担を加えることになった。

避難所におけるプライバシー制約の問題は、単なる恥ずかしさの感情だけで

はない。被災者が自身の心理的問題に目を向けるに至らないことの一因ともなる[35]。また、隠し通してきた「問題」の露見を強いられる苦痛も大きい。がん患者は、抗がん剤による脱毛を知られて苦しんだ[36]。避難所生活のために、障害のある兄弟姉妹の存在を隠し続けられなくなったことによる心理的問題も少なくない[37]。

　避難所に余裕があれば、プライバシーへの配慮は高められる。なかには、「究極のプライバシー」としての夫婦関係が保障される場を避難所に設置し、好評を得た例もある[38]。一方で、田野畑村では衝立を避難者が不要と言い切り、着替えスペース以外に衝立のない避難所が成立した[39]。

　仮設住宅に移れば、避難所よりプライバシーが確保できる。しかし、支援者の目や支援の手が届きにくいために、問題が見えにくくなるジレンマを伴う。広野町で2011年12月に行われた仮設住宅調査では、回答者の過半数がPTSDの高リスク者であった[40]。後述するアウトリーチの必要性がうかがえる。

(3)　忘れられないことの苦しさ

①　記念日反応

　トラウマ的な体験が突如として想起されるフラッシュバックは、PTSDの典型的な症状のひとつである。しかし、PTSDの診断基準を満たさない被災者も、体験したのと同じ日や月日の到来ないしは接近に伴い、フラッシュバックに類する状態、不安など心身の不調、それによる不適応的行動を生じることがある。これは、記念日反応と呼ばれる現象であり、東日本大震災においては、特に子どもの支援で話題となってきた。一方で、すでに40代であるがこの反応が生涯を通して続くと感じている事例[41]もある。

　発生には日付そのものや季節、イベントからの連想があるとされる。3月にテレビが震災を取り上げるために起こるフラッシュバックの問題の指摘があり[42]、また、3月11日だけでなく9月11日にも特に対応して生じたこととともに

に、津波が再来する噂が発生したという報告[43]もあり、前もって警戒しておくことが望ましい。

② サバイバーズ・ギルト

災害の際にはしばしば、運という言葉で表すほかないようなかたちで、生死が分かれる。すると、特に近親者との間で明暗が分かれた場合に、死者への思いとともに、自分が助かったことへの恥や負い目、代わりに自分が死ねばよかったという後悔、自分の生きる価値を疑い出す自己否定などに苦しむことがある。サバイバーズ・ギルト（生存者罪責感）と呼ばれる現象で、自殺の誘因にもなるため注意が必要である。

初めはつらくても徐々に忘れ軽快すると思われがちだが、かなり長期的な経過をとることもある。東京都・九段会館の崩落で被災したとみられる事例[44]では、良好な経過をとったとはいえ症状安定まで数十回の面接を要し、投薬は少なくとも2年以上にわたって続いている。また、岩手県大船渡市を中心に活動するカウンセラーの報告[43]によれば、震災から1年半が過ぎてから、子どものサバイバーズ・ギルトが増えている。

命ではなく、家を失ったかどうかで生じる類似の現象もあり、注意を要する。例えば、津波被災で明暗が分かれた岩手県田野畑村での葛藤の事例[39]がある。

③ 津波ごっこ

各地の被災児童の間に、津波からの避難行動をまねたり、人形を水に沈めたりなど、さまざまな「津波ごっこ」が出現した。一般には、トラウマからの回復を促進する、恐怖体験の記憶の内的処理の過程と考えられており、止めずに見守るのがよい[45]。

⑷ こころが揺れればからだも揺れる ―心身相関的問題―

① 地震酔い

　震災の後に起こる、実際には全く揺れていないのに、地震のような揺れの知覚が起こる現象が、いわゆる「地震酔い」である。地震後めまい症[46]、地震後めまい症候群[47] といった呼称もあるが、正式な診断名ではなく、学術的な検討も進んでいない。それでも珍しくない症状であり、精神科医の報告[15] では、震災後1か月で診た患者の多くが地震酔いを訴えたと述べており、また、東京都での被災から約半年にわたりこの症状が続いた体験[48] も報告されている。地震酔いに苦しむ人は各所にいたのである[49]。なお、やや似たものとして、山津波の音が時折聞こえるようになった事例[50] があるが、これはフラッシュバックの一種とされている。

② 月経関連症状

　被災地では、月経不順や月経痛の大幅な増加が見られた[51]。また、仙台市の高校生の調査からは、月経前症候群や月経前不快気分障害とPTSD症状との連動が報告されている[52]。

③ 睡眠障害

　思うように眠れないことは健康に悪いだけでなく、それ自体が苦痛である。石巻市雄勝・牡鹿地区における2011年6～8月の調査によると、回答者の42.5％に睡眠障害の疑いがある[53]。また、ふくしま心のケアセンターが2012年度に受けた相談の内容別割合を見ると、不眠は常に毎月の1～3位に位置している[29]。宮城県では、学校保健室の利用者を増やした主な不定愁訴が、不眠と腹痛であった[42]。

　不眠は心身の状態の悪さを反映するとともに、続くほどに心身の状態を損なっていく。PTSDで睡眠障害へと進むケースは予後が悪く、自験例のうちでPTSDから自殺に至った事例は全例がこのパターンであるという心理臨床家[10] もいるほどである。

3．最新の心理学による介入と支援

⑴　危険な語らせ方から安全な関わり方へ

　サイコロジカル・ファーストエイド（PFA）は、自然災害やテロなどに遭った人々への初期対応としての、声のかけ方、簡易的アセスメント、専門機関へのつなぎ方などの具体的方法の集成である。PFA は、直接のエビデンスに基づく有効性の確証はまだ十分ではないが、トラウマに関する心理学的知見との整合性は明らかである。また、「おそらく害は与えないだろう」という支援要素からなり、かつて有用な介入技法と思われていたが今では有害性が分かっている心理的デブリーフィングの代替として提示できる有用性がある[54]。不勉強なのに「こころのケア」をしたくて仕方がない「無能な働き者」に、被災者をさらに害する行為をさせないようにするだけでも価値があるのである。

　東日本大震災の初期対応では、和訳されたアメリカ版 PFA[55] が一般的対応として用いられた。内容は、準備と 8 群の方法（1．被災者に近づき、活動を始める　2．安全と安心感　3．安定化　4．情報を集める―いま必要なこと、困っていること　5．現実的な問題の解決を助ける　6．周囲の人々との関わりを促進する　7．対処に役立つ情報　8．紹介と引き継ぎ）からなるが、心理療法に限らず対人援助の専門性があれば誰でも習得しやすく、すべてを覚え終わらなくても少しずつ使え、倫理的配慮も組み込まれている。震災での広範な実践が、さらなる定着や評価の確立を導きつつある。

　一方、かつて主流であったのが、心理的デブリーフィングである。単にデブリーフィング、あるいは支持的な立場からは緊急事態ストレスマネジメント（CISM）とも呼ばれる。トラウマ的な体験から PTSD を予防すべく、苦しい記憶を集団で吐き出し合わせるもので、被災後36時間以内に行うべきなどとされて、一時は相当に広まった。

　しかし、少なくとも災害時の早期介入技法として適切とは言いがたいこと

は、専門家間ではほぼ一致を見ている[56]。災害時地域精神保健医療活動ガイドライン[57]はすでに、「そのときには良くなった感じが得られるのだが、将来的にはかえってPTSD症状が悪化する場合さえ」あり、「こうした余計な「治療」を行うことは、予後を悪化させかねないことは国際的にも常識」と評し、PFAの手引き[55]は、「ストレス反応の悪化とPTSDを予防するための方法であると主張され、各国に広められたが、PTSDへの予防効果は現在では否定されており、かえって悪化する場合も」、「現在でも、こうした古い考え方に基づいた援助が提案されることがあるが、行ってはならない」と断じている。有害な行為をしたがる人が現れたら、勇気を持って止めなければならない。

　ただし、「デブリーフィング」という語の外延には揺れがある。保健師の戸別訪問活動の際に住民が被災時の様子を語ること[58]や、被災地調査の調査員が毎晩とるべき、報告や感情共有を目的とした「振り返りの会」の機会[59]も、デブリーフィングと表現されることがある。用語だけで全否定することのないように気をつけたい。

(2)　PTSD に効く心理療法

　非専門家が考えるトラウマ記憶の問題への対処法は、しばしば誤っている[60]。PTSDに対して、「起きたことは仕方がない」「忘れたほうがいい」などの安易な言葉がけは効果がない[61]。自殺のリスクがある重大性からも、速やかに専門家による介入を入れるべきである。

　治療効果のエビデンスが十分な介入法としては、心理療法では持続的エクスポージャーなどの認知行動療法と、EMDRが代表的である。薬物療法ではSSRI（選択的セロトニン再取り込み阻害剤）が第一選択とされるが、わが国では2011年当時、PTSDには医療保険適用外であり、悔やまれるところである。

① 認知行動療法

　一般に認知行動療法と総称される諸技法の中で、古くから PTSD に対する有効性が知られているのが持続的エクスポージャー（PE）である。トラウマ的な記憶を整理していく認知処理の遅滞が PTSD を招いているとして、不安を起こす程度の弱いものから順に、実際に接近を図ったり、記憶を思い起こさせたりして、安心できる状態や環境の下で認知処理をうながしていく。単に慣れさせるのとは次元が異なり、訓練を受けた心理臨床家が、心理学的なモニタリングを伴いつつ進める専門性の高い技法である。

　また、東日本大震災では、新しい技法や技術を取り入れた認知行動療法的介入も展開された。いわてこどもケアセンターでは、津波被災例を中心に児童とその親にトレーニングや支援を行うトラウマフォーカスト認知行動療法を導入し、一定の効果を上げている[62]。トラウマフォーカスト認知行動療法とは、トラウマに正面から向き合って、トラウマ体験を言葉で表し、トラウマが起こった場所に再適応していく療法である。いじめ被害経験のある被災者への、テレビ会議システムを用いた遠隔介入による認知行動療法の適用事例[63]も興味深い。

② EMDR とバタフライ・ハグ

　EMDR（眼球運動による脱感作／再処理法）は、トラウマ的な記憶を想起させながら、左右方向への眼球運動を反復させる手続きで知られる。標準的な手順は 8 段階からなり、そのうち第 4 ～第 6 段階で眼球運動が用いられる。治療機序にはなお議論があるものの、PTSD への著効性は十分に確証されている。また、東日本大震災では、EMDR 原法だけでなく、変法であるバタフライ・ハグも適用された。これは、眼球ではなく手の左右交互動作を用いる簡便な技法で、子どもへの介入や、集団での実施に適する。

　EMDR は外形的にはうさん臭く見えがちだが、十分なエビデンスがあり信頼してよい。とはいえ、PE と同様に熟練を要する技法であり、実施する臨床家の信頼の基準として、日本 EMDR 学会が認定する資格制度などを用いるこ

とが好ましい。

(3)　補完代替療法の可能性

　一般には補完代替療法とされ、批判的な立場からは疑似科学として理解されることのある諸技法も、東日本大震災では広く展開されてきた。なかには、この機に強いエビデンスを得た介入例もある。震災 3 年後に 4 か月間行った園芸療法の生活介入のランダム化割付試験[64] は、抑うつ、自尊感情、コミュニティ感覚などによい効果を認めている。

　音楽療法的な介入も見られる。避難所で音楽療法ボランティアを始め歓迎されたという音楽療法士の報告[65] がある。ただし、被災直後から始めるべきかどうかは、意見が分かれる。日本音楽療法学会の幹部が2011年 3 月末に被災地から送ったメッセージ[66] は、音楽の力はまだ出る幕ではなく、辛抱強く待つべきというものであった。

　その他、アロマセラピー、タッピングタッチ、アニマルセラピーなどの活用も見られる。セラピー用ロボットの避難所等への導入も興味深く、被災者のみならず支援者からも歓迎され、さらに地域外から被災地への訪問をうながす機能も示している[67]。

(4)　見えない被災者の「見える化」とアウトリーチ

　仮設住宅を中心に、孤立を防ぎ健康に暮らせるようにと、催しや講演会は数多く開かれている。主催者から共通して聞くのが「来られる人は大丈夫なんです」という言葉である[68]。

　専門家を招いてサポートを受けられる場を増やしても、特にこころのケアに関しては、サポートが必要な人に限って支援につながる場には現れない傾向がある。その要因としては、多忙で行けない、うつ病で動けない、アルコール依存の「否認」、大昔の「精神病院」の怖いイメージにとらわれての忌避など、

さまざまなパターンがある。

アウトリーチ（全戸訪問）は、専門家の側から対象者の元へ出向き、ニーズを見出して支援をつなげる手法であり、そういった問題への有効な対処となる。また、不必要な転居や入院を避け、地域生活を保つ支えにもなる。石巻圏での「からころステーション」の活動[69]では、避難所に比べて目が届きにくい民間賃貸住宅へのアタック訪問を展開し、非効率性はやむを得ないものの、話をしっかりと聞けるメリットが見出されたようである。社会的孤立を防ぐことは効果的な公衆衛生活動であり[70]、スタッフが確保できる範囲で積極的に行われるべきである。

4. 支援者をケアする支援を忘れない

大災害は大量の支援を要する人々を一気に生むため、支援を行う側にも大きな負担を生じる。必死に働く支援者が倒れたら、共倒れが必至である。そのため、むしろ支援者にこそケアが求められる。その現実と留意点を提示したい。

⑴ 支援側に回る被災者の現実

被災地で医療、警察、消防、インフラ関係などの職に就いていた被災者は、急行したDMAT（災害時派遣医療チーム）などに比べて現地の実情に沿った効果的な活躍ができる一方で、自分の手を止めるわけにはいかない重責や、家族を含む見知った人々の最期や地域の壊滅を目の当たりにする苦痛、自身の被災が重なり大きなストレスに見舞われる。まるで野戦病院のようになった石巻赤十字病院では、被災した職員を休ませるべきかどうかで葛藤が生じていた[71]。また、負傷者対応が主ではない診療科も、職員への心理的負荷はかかり続ける。周産期医療に関わる医療関係者を対象とした調査[72]では、9.3％が抑うつとPTSDとの双方で高リスクとされている。

行政関係者にも多くの犠牲が出た。岩手県立大船渡病院において、市職員や

仮設住宅生活支援員の症例の増加が報告されている[73]。「職員の多くが相変わらず「九時―五時」生活を送っている」[74] 自治体もあったが、避難所で生活中の市町村職員は、避難者でありながら24時間勤務のようで、しかも行政への怒りを直接に向けられた[75]。宮城県内の自治体職員を対象とした調査[76] によれば、こういった攻撃は男性職員により多く向けられた。

　もちろん、支援者のストレスの問題は今に始まったことではないので、南海地震を意識した行政職員向けマニュアル[77] のような、支援者のこころのケアにも目を向ける視点は、全国各地の自治体に見られる。東日本大震災では、釜石市でいち早く、職員のストレステストやその対応が行われた[78]。また、支援者は、不満のはけ口として被災者から攻撃対象にされることもあり[79]、平時のうちに、具体的な対処法をロールプレイで学んでおけるとよい[57][80]。

　外部者ではなく、現地住民を支援者として雇用する方法は、地域の実情を理解しておりきめ細かい対応ができるうえに、雇用創出によって被災後の失業問題の改善にもなるメリットがあり、国の緊急雇用創出事業を通しても行われてきた。一方で、平時にあらかじめ訓練を積んではいないことや、同じ地元住民の悩みや苦しみに接することによる心理的負担も大きい。岩手県のある社会福祉協議会に所属する生活支援相談員を対象とした調査[81] では、住民でも支援者でもある立ち位置への悩みは、支援活動の長さと相関している。また、守秘義務に関する問題もある[82]。

(2)　災害ボランティアを守る

　外部からの災害ボランティアにも支援者ストレスの問題が起こりうるが、ボランティアの心理的問題への支援は、わが国では専門職の援助者よりもさらに等閑視されてきたようである[83]。東日本大震災ではいくつかの実証的知見が得られており、複雑な要因の重畳がうかがえる。ある質問紙調査では、学生ボランティアの活動後のこころのケアの必要性は高くならなかったと考えられる結

果が得られたものの、いくつかの防護要因が重なってのことのようである[84]。また、北茨城市における支援や介入に関わる現地の非専門職スタッフであるファシリテーターに対して活動開始前に行った調査[85]では、心的外傷後ストレス症状（PTSS）を生じやすいような個人特性が、ボランティア活動への参加の動因ともなっている可能性が指摘されている。

　支援者支援は裏方の活動で、援助をしたくて馳せ参じたボランティア好きには好まれないようにも思われるが、むしろ適任の人もいる。群馬県から集団で出かけたものの避難所では話を聴くことしかできないことで不全感を感じていた精神保健福祉士が、支援者支援に回ることでアイデンティティを立て直した例[86]もある。ボランティアをしたいという思いの裏側には、「自分の力を試したい、あるいは誇示したいというような一種のナルシズム」がある。「実際にそこへ行ってみると頭の中で想像した景色とは全く違うことが多い。そこで自分の無力さに初めて現実的に直面」[87]などと言われるタイプの問題を発展的に解消した事例としても興味深い。

(3)　原子力関係職員にかかるストレス

　原子力事故の沈静化のため命がけで活動した東京電力や関連企業の従業員は、「加害企業」の立場に置かれ、何らの評価を受けられず、非難や中傷のターゲットにされた[82]。ネット上では社員の家族への嫌がらせの呼びかけさえあった。調査結果によれば、福島第一原子力発電所の職員の心理的ストレスやPTSRは極度に高い値を示したうえに、それを最も強く予測する因子は、差別や中傷を浴びせられたことであった[88]。3年間の追跡調査[89]でも、差別や中傷の強力な影響が浮かび上がっている（図5-1）。

　被災者からは思ったほど東京電力や原子力発電所への不満は上がっていないことが、会津での被災者支援において指摘されている[90]。また、震災1年後のネット調査[91]では、現場の作業員への反感は高くなかったが、京都市、神戸

図5-1　原子力発電所職員における被災経験の種類がPTSRリスクに及ぼす影響

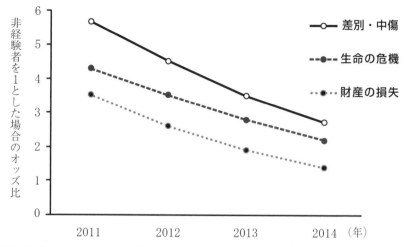

出所：Ikeda, Tanigawa, Charvat, Wada, Shigemura, and Kawachi（2017）に基づき著者作成

市、広島市といった遠方でもほぼ同程度に見られることから、反感は今回の被災体験とは無関係な原因によって、全国に広く薄く作られていることが窺える。

⑷　支援者にも家族がいる

　さらに、支援者の支援者とでもいうべき、支援者の家族に対しても、心理的支援の必要性があることを忘れてはならない。福島第二原子力発電所は、増田尚宏所長をはじめとする所員の活躍により、あの被災の下で全基を冷温停止へと導いたが、なかなか帰宅できなかった所員の家族には、抑うつ症状も生じていたようである[92]。原子力発電所従業員の家族も脆弱性がある人々に位置づけ、調査対象にしていくべきである[93]。

　自治体職員の調査では、業務に関して家族が支えになった体験は男性職員よりも女性職員に多かったが、男性ではこの体験がトラウマ後成長を促進するという知見が得られている[76]。トラウマ後成長については次節で述べる。

5. 強い揺れの前より強く—こころのケアの「トラウマ後成長」—

　過酷な被災体験には、多大な辛苦を乗り越えてこその自己成長を得るトラウマ後成長（PTG）の側面もあり、今回の震災でかなり意識が向けられるようになっている。被災に対して、あるいは被災を通して「意味」を見出した被災者の事例は数多い。また、支援者ストレスに関してもトラウマ後成長は得られ、例えば被災地で活動した消防職員において、当初の急性ストレス反応が大きいほどトラウマ後成長も大きいという知見がある[94]。

　わが国では、災害の度に復興しては、被災前よりも発展を遂げる歴史が繰り返されてきた[95]。こころのケアに関しても、未曾有の経験を通してこその成長、発展がありうる。そのような「トラウマ後成長」の諸相を取り上げ、さらなる発展の方向性について提言を行いたい。

⑴　応急的こころのケアの体系化

　身体医療では、自衛隊、DMAT、日本赤十字社などが国の判断で、直後から自立しての支援活動に入ったが、精神医療にそのようなシステムはなく、直後の投入ができなかった[96]。活動の指揮系統も不明確であった[97]。この反省から、DPAT（災害派遣精神医療チーム）が作られることとなった。DMATは災害発生直後の防ぎ得た死の低減を目的とする医療チームであるが、DPATはその精神医療版である。DPATは熊本地震での本格運用を経て、さらに体制整備が進むと思われる[98]。福祉版であるDWATの結成も進み、熊本地震では岩手県と京都府のDWATが活動した。さらに、保健師版としての「DPHNT」を構想する声もあり[12]、多分野からの災害支援体制の体系化が進むことは心強い。

　支援技法に関しては、PFAの定着が進んだことは喜ばしい。さらに、アメリカ版よりも簡潔にまとめられたWHO版PFAも、2012年にケア宮城によっ

て和訳が公開された[8]。PFA の研修会や講演会の開催も増えており、今後さらに活用が広がることだろう。

それに続くべき新しい支援技法としては、サイコロジカル・リカバリー・スキル（Skills for Psychological Recovery：SPR）がある。これは、災害復興期においての、問題や目標の明確化、不快な気分や身体反応の調整、前向きな思考の促進などを支援する具体的方法の集成である。日本語訳は、2011年6月に公開された。急性期対応である PFA に続けて展開する技法として、支援者があらかじめ学んでおくべきスタンダードとなることを求めたい。

(2) 精神医療は病棟の外へ

福島県相双地域では、津波と原子力事故のために、一時はすべての精神医療機関が閉鎖され、以前から不十分であった地域精神医療が混乱に陥った。しかし、これを機に、従来の入院中心の医療からアウトリーチ型へと重心を移すことが唱えられている。わが国の精神医療の入院偏重は長く国際的な批判を浴びてきたが、その改善へのきっかけにしようというのである。そして、NPO 法人「相双に新しい精神科医療保健福祉システムを作る会」がアウトリーチ主体の事業を展開していき、日本精神神経学会の第15回精神医療奨励賞を授与されるなど高い評価を得ている。また、それに続く第16回精神医療奨励賞は、前述の「からころステーション」の運営主体である「震災こころのケア・ネットワークみやぎ」が受賞した。大災害を機に精神保健サービスが持続可能な形で拡充された例は、世界中に数多くある[54]。被災者のこころのケアだけでなく、広くこころの問題をかかえる人の幸せにつながる発展を歓迎したい。

(3) 行動する頭脳—学術団体の活躍と協力—

専門の学会や組織、職種の協力体制も、震災を受けて促進された。日本精神神経学会から立ち上げられた東日本大震災対策本部の活躍は特筆に値する。そ

の事務局長[99]は、さらに中長期的な体制への発展や、災害対策の指針の整備、学会会員の事前研修などを進める構想を唱えている。

　臨床心理学関係では、日本臨床心理士会などによる東日本大震災心理支援センターが中心的な役割を果たした。また、日本臨床心理士会は、2010年に白紙化されるなど難航していた日本赤十字社との協力を実現できたが、日赤の他のボランティアなどとの整合性のため、臨床心理士資格の保持者がボランティアとして参加したことには迷いも残ったようであり[100]、今後の反省点ではある。

　もちろん、学術団体の本来の目的である学術活動も、千年に一度の貴重な知見を山ほど得て発展している。ただし、災害関連の調査研究は十分な留意の下で計画され、実施されるべきである。表5－2に、被災地調査の3原則[59]を示した。いずれも、まず自他を守り、そして学問や人類の未来を守るために重要なことである。

表5－2　松井の3原則

1．被災者を傷つけない
2．調査員（研究者）自身のストレスケアに配慮する
3．その研究が、被災者か今後被災しうる人にとって、有益である

出所：松井（2016）

⑷　支援者支援を学ぶ機会を

　生活インフラの壊滅が広範囲に及んだ東日本大震災では、被災地の資源を侵さずに衣食住とも自給自足で機能する自衛隊の体制が役立ち、賞賛を浴びた。こころのケアの場合、完全な自己完結を求めることは難しいが、こころのケアに携わる支援者自らが、活動中も自身のこころのケアを行えることの重要性は認識されつつある。震災後の心理的ケアに関する研修会等の受講者のアンケートからは、今後希望する研修テーマの中に、セルフケアや同僚のケアが挙げられている[101]。PFAの手引き[55]には、PFA提供者へのこころのケアを扱った付録があり、有用である。

とはいえ、支援に出向いた者が自身を守ることに労力を取られるほど、支援の効率は損なわれる。強いストレスを生じる遺体関連の業務に従事した陸上自衛隊員の面接調査からは、それでもなお精神的健康を維持できた要因として「世間からの評価」が見出されている[102]。こころのケアの場合は成果が見えにくく、広く評価を得ることは容易ではないが、被災自治体職員の調査研究[76]でも提言されたように、支援者の活動を讃え、応援することが、支援者のためになる。その効果は巡り巡って、被災者のためになり、そして社会全体のためになることを広めていきたい。

(5)　絆のバトンタッチ―支援者の成長と誕生―

　ボランティアは自分が持ち出した分で他人の穴埋めをするゼロサムではなく、得がたいものを生み出す創発的活動であることも、社会に広めていきたい。震災ボランティア活動の参加者は、一時の満足感に留まらず、成長を得る機会を多く得ていることが指摘されている。北茨城市での支援に筑波大学の学生による学術ボランティアを導入した医学教育者[103]は、その効果は「ギブアンドテイク」であるとし、学生が死生観や生きる意味の自覚を得ることへの期待を論じている。

　自衛隊の活動を目にして、将来は自衛官になりたいという子どもが多く現れた気仙沼市・大島の例[74]、「消防士になって人の役にたちたい」という子どもたちの声[45]など、被災地から次の支援者の産声が上がっている。また、早々に支援側へ転じた特異な事例として、被災地訪問でいわき市に来た大手アイドルグループに感激し、そのグループに入団して岩手県や福島市の被災地訪問にも参加している例もある[104]。こうして過去から未来へとつながる「絆」が、いつ来るか分からない次の災害の際の減災にも、来たるべき包摂型社会への道にもつながるはずである。

6．まとめ

　こころの復興は目に見えにくい。そこで本章では、東日本大震災をめぐるこころのケアの現実の可視化を図ってみた。震災というと PTSD のイメージが強いが、実際には心理的問題は多岐にわたり、学術的な検討が進んでいないものも含まれることは、もっと理解されてよい。かつて広まっていた不適切な支援技法が追われ、有効な技法の導入が進んだが、SPR などこれから定着が求められるものも少なくない。アウトリーチなど取り組み方の新しい視点、支援者ストレスの問題、災害精神医学的支援の体制整備など、より社会的なレベルで取り扱われるべきテーマも見えてきた。

　したがって、こころの専門家の出番は、震災の後だけではない。震災の前、ないしは震災と震災との間にこそ、学術的探究、支援者育成、そして社会的啓発を続けることを追求したい。

＜参考文献＞

1) 丹羽真一「福島第一原子力発電所事故の影響―避難者のメンタルヘルス―」『精神神経学雑誌』116巻、2014年、219－223頁。

2) 俵秀雄「持続的な復興支援のために」『カウンセリングセンター・レポート』33号、2017年、3－4頁。

3) 鈴木友理子・深沢舞子「東日本大震災のその後、レジリエンスは働いたか？」『精神保健研究』62巻、2016年、41－46頁。

4) 松本和紀・上田一気・白澤英勝・樹神学・原敬造・小高晃・岩舘敏晴・三浦伸義・林みづ穂・小原聡子・松岡洋夫「東日本大震災後の宮城県の精神科医療機関における精神科医療の実態調査」『精神薬療研究年報』46巻、2014年、92－93頁。

5) 斎藤環「「こころのケア」は終わらない」岩波書店編集部編『3.11を心に刻んで』岩波書店、2012年、66－68頁。

6) 金吉晴「災害時の不安障害のマネジメント」『保健医療科学』62巻、2013年、144－149頁。

7) 金吉晴「PTSD の概念と DSM－5に向けて」『精神神経学雑誌』114巻、2012年、1031－1036頁。

8) 上山真知子「教師支援を通して見えてきた被災地の今」『発達』131巻、2013年、18－25

頁。

9) 高橋晶・山下吏良・高橋祥友「災害支援学の立場からの中長期的支援の構想」『精神医学』56巻、2014年、79-88頁。

10) 若島孔文・野口修司「行政職員の心理社会的支援①—石巻市役所職員へのアプローチ」長谷川啓三・若島孔文編『震災心理社会的支援ガイドブック　東日本大震災における現地基幹大学を中心にした実践から学ぶ』金子書房、2013年、76-88頁。

11) 梅﨑節子・新地浩一「東日本大震災における「心のケアチーム」の実践とその考察」『日本集団災害医学会誌』17巻、2012年、221-224頁。

12) 復興庁『東日本大震災における震災関連死に関する報告』〔http://www.reconstruction.go.jp/topics/post_13.html〕、2012年。

13) 木村幹夫「東日本大震災にメディアが果たした役割」『情報の科学と技術』62巻、2012年、378-384頁。

14) 重村淳「PTSD 3つの症状の有無で診断　うつ病などの併発も多い」『日経メディカル』2011年4月号、2011年、55頁。

15) 岡野憲一郎「震災からひと月たって思うこと」『精神医学』53巻、2011年、728-729頁。

16) 船越俊一・大野高志・小高晃・奥山純子・本多奈美・井上貴雄・佐藤祐基・宮島真貴・富田博秋・傳田健三・松岡洋夫「自然災害の諸要因が高校生の心理状態に及ぼす影響の検討—東日本大震災から1年4ヶ月後の高校生実態調査—」『精神神経学雑誌』116巻、2014年、541-554頁。

17) 加藤大延・小野千晶・内田知宏・富田博秋「震災関連動画の視聴前後における心理的変化の検討」『第35回日本社会精神医学会プログラム・抄録集』2016年、110頁。

18) NHKスペシャル取材班『震度7　何が生死を分けたのか　埋もれたデータ21年目の真実』ベストセラーズ、2016年。

19) 関屋直也「東日本大震災後の不安と情報行動」『情報の科学と技術』62巻、2012年、372-377頁。

20) 北村秀明・染矢俊幸「周辺住民の精神健康に対するチェルノブイリ原子力発電所事故の長期的影響」『精神医学』54巻、2012年、81-85頁。

21) 中川恵一『放射線医が語る被ばくと発がんの真実』ベストセラーズ、2012年。

22) 佐藤健太郎『「ゼロリスク社会」の罠「怖い」が判断を狂わせる』光文社、2012年。

23) 伊藤浩志『復興ストレス　失われゆく被災の言葉』彩流社、2017年。

24) 浦島充佳「チェルノブイリ原発事故の経験から考える子どもへの放射線影響」『母子保健情報』64巻、2011年、85-89頁。

25) 浦島充佳『放射能汚染　ほんとうの影響を考える　フクシマとチェルノブイリから何を

学ぶか』化学同人、2011年。

26) 日本学術会議臨床医学委員会放射線防護・リスクマネジメント分科会『子どもの放射線被ばくの影響と今後の課題—現在の科学的知見を福島で生かすために—』［http://www.scj.go.jp/ja/info/kohyo/pdf/kohyo-23-h170901.pdf］、2017年。

27) レボード，C.「フクシマの風評被害を止めたい」『Voice』2017年4月号、2017年、18−25頁。

28) 松田聡一郎・昼田源四郎・前田正治・植田由起子・松島輝明・落合美香「ふくしま心のケアセンターの3年の歩み—その成果と課題—」『第35回日本社会精神医学会プログラム・抄録集』2016年、111頁。

29) 昼田源四郎・高橋悦男「ふくしまこころのケアセンター相談等の件数及びその分析」『ふくしま心のケアセンター活動記録誌』1巻、2013年、73−82頁。

30) 熊谷一朗「震災後のいわきの現況」『精神医療』64巻、2011年、52−58頁。

31) 粟田主一「編集後記」『老年精神医学雑誌』22巻、2011年、768頁。

32) 粟田主一「災害精神医療の現状—老年精神医学領域の問題点と課題—」『老年精神医学雑誌』23巻、2012年、204−208頁。

33) 柚原尚子「激甚災害地域における医療救護班としての活動報告」『臨牀看護』37巻、2011年、1804−1806頁。

34) 高橋秀俊・長尾圭造・神尾陽子「東日本大震災における児童・思春期精神医学的支援活動について」『精神保健研究』58巻、2012年、43−48頁。

35) 狐塚貴博・小林智「電話相談を主軸とした支援」長谷川啓三・若島孔文編『震災心理社会支援ガイドブック　東日本大震災における現地基幹大学を中心にした実践から学ぶ』金子書房、2013年、11−29頁。

36) 桜井なおみ「人への思いが人を支える」『精神科臨床サービス』12巻、2012年、262−266頁。

37) 田中真理「被災地における発達障害児者への支援」長谷川啓三・若島孔文編『震災心理社会支援ガイドブック　東日本大震災における現地基幹大学を中心にした実践から学ぶ』金子書房、2013年、151−175頁。

38) 野口健「熊本大震災テント村始末記」『Hanada』2017年7月号、2017年、204−213頁。

39) 田村友一・高下梓・平田茜「田野畑のいまとこれから」『こころの健康』27巻2号、2012年、16−20頁。

40) Kukihara, H., Yamawaki, N., Uchiyama, K., Arai, S., & Horikawa, E., "Trauma, depression, and resilience of earthquake/tsunami/nuclear disaster survivors of Hirono, Fukushima, Japan", *Psychiatry and Clinical Neurosciences*, Vol.68 (2014), pp.524-533.

41）千葉陽「つらさを幸せに変える」『産経新聞』2017年3月12日、2017年、5頁。

42）本田恵子・上原美穂「中学生・高校生の心に寄り添う」本田恵子編『被災地の子どもの心に寄り添う　臨床心理学からのアドバイス』早稲田大学出版部、2012年、88-104頁。

43）諏訪賀一「日常性に向かって」『発達』133巻、2013年、31-38頁。

44）藤平和吉・福田正人「ある震災被災者の回復過程の報告　トラウマ関連症状を焦点化しないアプローチ」『精神医学』57巻、2015年、143-145頁。

45）荒木登茂子「東日本大震災と子どもの心のケア」『教育と医学』2011年7月号、2011年、102-109頁。

46）飛鳥井望・小松崎篤「あれから3カ月　大災害後のPTSDを長引かせないために」『暮しと健康』2011年7月号、2011年、4-18頁。

47）野村泰之・戸井輝夫・池田真紀「「地震後めまい症候群」に関する研究」『日本大学医学部総合医学研究所紀要』2巻、2014年、36-38頁。

48）岡島慎二・土屋コージン編『日本の特別地域　特別編集69　これでいいのか岩手県』マイクロマガジン社、2015年。

49）餅原尚子「復興支援者への心身的ケアを考える」『臨床心理学』64巻、2011年、519-523頁。

50）野村和代・杉山登志郎「子どもの心身を守るために必要なこと」『発達』133巻、2013年、26-30頁。

51）渡邉崇・鈴木寿則・坪谷透・遠又靖丈・菅原由美・金村政輝・柿崎真沙子・辻一郎「東日本大震災前後の自覚症状有訴者率の変化　―被災者健康診査と国民生活基礎調査の比較―」『厚生の指標』60巻13号、2013年、1-6頁。

52）Takeda, T., Tadakawa, M., Koga, S., Nagase, S., & Yaegashi, N., "Premenstrual symptoms and posttraumatic stress disorder in Japanese high school students 9 months after the great East-Japan earthquake", *Tohoku Journal of Experimental Medicine*, 230 (2013), pp.51-154.

53）中谷祐貴子「東日本大震災における心のケアに関する今後の対応について―行政の立場から―」『精神神経学雑誌』114巻、2012年、241-242頁。

54）鈴木友理子「東日本大震災後の地域精神保健医療」『精神保健研究』58巻、2012年、21-26頁。

55）アメリカ国立子どもトラウマティックストレス・ネットワーク・アメリカ国立PTSDセンター　兵庫県心のケアセンター（訳）『サイコロジカル・ファーストエイド　実施の手引き　第2版』[http://www.j-hits.org/psychological/]、2009年。

56）明石加代・藤井千太・加藤寛「災害・大事故被災集団への早期介入―「サイコロジカル・

　　ファーストエイド実施の手引き」日本語版作成の試み―」『心的トラウマ研究』 4 巻、
　　2008年、17－26頁。

57)　厚生労働省『災害時地域精神保健医療活動ガイドライン』［http://www.mhlw.go.jp/
　　houdou/2003/01/h0117-2.html］、2003年。

58)　竹崎久美子「東日本大震災発生から 1 か月頃の保健活動　高知県による南三陸町での活
　　動から」『保健師ジャーナル』67巻 9 号、2011年、774－777頁。

59)　松井豊「被災者を対象とした調査・研究の留意点」『心理学ワールド』72巻、2016年、
　　7 － 9 頁。

60)　Osawa, K., "Opinions on the effectiveness and availability of coping strategies for
　　traumatic memory recall among Japanese undergraduates", *Japanese Journal of Applied
　　Psychology*, Vol.42 (Special edition) (2016), pp.1-7.

61)　飛鳥井望「PTSD」『臨牀と研究』93巻、2016年、621－625頁。

62)　八木淳子「東日本大震災後の子どものトラウマケアの実践」『日本社会精神医学会雑誌』
　　24巻、2015年、72－79頁。

63)　富家直明・大野史博「ICT と低強度認知行動療法を用いた震災後学校メンタルヘルス支
　　援活動に関する報告」『心理科学部研究紀要（北海道医療大学）』 9 巻、2013年、31－37頁。

64)　事崎由佳「被災地域での園芸療法介入によるストレス状態の変化について」『ストレス
　　科学』29巻、2014年、232頁。

65)　北村はるか「様々な視点をもって―音楽療法士として」『心理学ワールド』72巻、2016
　　年、46頁。

66)　智田邦徳『東北支部より御礼とお願い』［http://www.jmta.jp/disaster/disa201103_02.
　　pdf］、2011年。

67)　柴田崇徳「東日本大震災被災者・支援者等に対するセラピー用ロボット・パロによる心
　　のケア」『日本ロボット学会誌』32巻、2014年、110－116頁。

68)　結城かほる「病院再建遅れ、増す負担」『大槌みらい新聞』 4 号、2012年、 4 頁。

69)　原敬造「アウトリーチを中心とした石巻圏での精神保健活動の現状と課題」『日本社会
　　精神医学会雑誌』23巻、2014年、341－348頁。

70)　曽根稔雅・中谷直樹・菅原由美・遠又靖丈・辻一郎「東日本大震災被災者における社会
　　的孤立と心理的苦痛との縦断的関連性」『日本公衆衛生雑誌』63巻10号特別付録、2016年、
　　282頁。

71)　石巻赤十字病院・由井りょう子『石巻赤十字病院の100日間　東日本大震災医師・看護
　　師・病院職員たちの苦闘の記録』小学館、2011年。

72)　佐藤喜根子・佐藤祥子・小山田信子「東日本大震災時に周産期医療に関わっていた職員

の被災状況と1年後の心理状況」『母性衛生』53巻3号、2012年、136頁。

73）道又利「東日本大震災後の岩手県気仙地域における精神保健医療の状況」『日本社会精神医学会雑誌』23巻、2014年、349-357頁。

74）須藤彰『東日本大震災　自衛隊救援活動日誌　東北地方太平洋沖地震の現場から』扶桑社、2011年。

75）遠藤智子「被災者の心のケアについて思うこと」『ふくしま心のケアセンター活動記録誌』1巻、2013年、93-95頁。

76）桑原裕子・高橋幸子・松井豊「東日本大震災で被災した自治体職員の外傷後成長」『筑波大学心理学研究』47巻、2014年、15-23頁。

77）高知県地域福祉部『災害時のこころのケアマニュアル』高知県地域福祉部障害保健福祉課、2010年。

78）高橋大輝「岩手県・釜石市の経験から」『精神科臨床サービス』12巻、2012年、195-198頁。

79）内田貴光・深津亮「災害派遣・医療支援レポート―宮城県気仙沼市からのレポート―」『老年精神医学雑誌』23巻、2012年、185-190頁。

80）清水邦夫「救援活動前の準備―教育と訓練を中心に」『こころの科学』193巻、2017年、124-129頁。

81）白神敬介・川野健治・眞﨑直子・的場由木・竹島正「東日本大震災後の岩手県A町生活支援相談員における被災地住民への関わりと精神的健康度：被災地における自殺対策の可能性」『精神保健研究』59巻、2013年、75-83頁。

82）加藤寛「大災害後の支援者支援」『精神医学』55巻、2013年、1011-1016頁。

83）高橋祥友「災害精神支援学」『精神医学』54巻、2012年、660-661頁。

84）石原貴代「震災ボランティア参加学生の心のケアの必要性について―本学学生の震災ボランティア活動の調査から―」『名古屋学芸大学ヒューマンケア学部紀要』6巻、2013年、1-11頁。

85）佐藤晋爾・朝田隆「2016年、東日本大震災における現地非専門職スタッフのメンタル・ヘルスについて：post traumatic stress symptom との関連から」『日本社会精神医学会雑誌』25巻、305-312頁。

86）長坂勝利・三瓶芙美「「群馬・神奈川での支援活動」について」『東北復興PSWにゅうす』第8号、2013年。

87）豊田英一・豊田直二「東日本大震災被災地における災害ボランティアと心のケア」『熊本学園大学論集「総合科学」』20巻、2014年、11-20頁。

88）Shigemura, J., Tanigawa, T., & Saito, I., "Psychological distress in workers at the

Fukushima nuclear power plants", *JAMA*, Vol.308 (2012), pp.667-669.

89）Ikeda, A., Tanigawa, T., Charvet, H., Wada, H., Shigemura, J., & Kawachi, I., "Longitudinal effects of disaster-related experiences on mental health among Fukushima nuclear plant workers: The Fukushima NEWS Project Study", *Psychological Medicine*, Vol.47 (2017), pp. 1936-1946.

90）江川和弥「福島県会津に避難した子どもたち」大橋雄介『3・11子ども白書』明石書店、2011年、74－78頁。

91）ウィワッタナーパンツゥォン，J.・本多明生・阿部恒之「東日本大震災・復興活動に対する感情的地域差」『感情心理学研究』21巻（Supplement）、2013年、10頁。

92）高嶋哲夫『福島第二原発の奇跡　震災の危機を乗り越えた者たち』PHP研究所、2016年。

93）Bromet, E. J., "Lessons learned from radiation disasters", *World Psychiatry*, Vol.10 (2011), pp.83-84.

94）兪善英・古村健太郎・松井豊・丸山晋「東日本大震災被災地に派遣された消防職員のストレス症状と外傷後成長」『心理学研究』87巻、2017年、644－650頁。

95）近江俊秀「おわりに」文化庁編『日本人は大災害をどう乗り越えたのか　遺跡に刻まれた復興の歴史』朝日新聞出版、2017年、239－243頁。

96）中島聡美「大規模災害における行政の地域精神保健活動への支援」『精神保健研究』58巻、2012年、27－34頁。

97）日本学術会議東日本大震災復興支援委員会災害に対するレジリエンスの構築分科会『災害に対するレジリエンスの向上に向けて』[http://www.scj.go.jp/ja/info/kohyo/pdf/kohyo-22-t140922.pdf]、2014年。

98）福井貴子「学会奨励賞をいただいて」『トラウマティック・ストレス』14巻、2016年、111頁。

99）秋山剛「いわき市出身の精神科医」『精神神経学雑誌』113巻、2011年、651頁。

100）前田潤「医療機関からの支援要請―日本赤十字社からの要請」『臨床心理学』11巻、2011年、494－498頁。

101）白井明美・原美穂子・藤森和美「災害後の子どものケアに関わる支援者の現状とニーズに関する研究」『聖マリアンナ医学研究誌』13巻、2013年、40－44頁。

102）前野良和「東日本大震災で遺体捜索に従事した陸上自衛隊員が精神的健康を維持した過程の検討」『トラウマティック・ストレス』14巻、2016年、163－169頁。

103）朝田隆「災害後の心の支援システムの構築と災害精神支援学の創生」『精神神経学雑誌』2012年、227－232頁。

104）舞木香純「やり遂げる心さえあれば」『朝日新聞』2017年3月11日夕刊、2017年、4頁。

第6章

震災とアルコール関連問題

1．はじめに

　喪失感と行き場がないことによる被災者の飲酒量増加によるアルコール関連の問題は、阪神・淡路大震災で注目されたことをきっかけに問題視され、東日本大震災では、仙台こころのケアチームが震災発生3日後には避難所にて「お酒の飲み過ぎに注意しましょう」と呼びかけている。また、自殺総合対策推進センターは、当時のホームページ[1]に震災1か月後の2011（平成23）年4月11日に、「避難所への支援物資にアルコールを入れないで」を掲載した。しかし実際には、宮城県精神保健福祉士協会の記録に「集会所で酒盛りを昼間から始める」と記されている。

　アルコール関連問題における被災地特有の問題としては、避難所や仮設住宅などでは「生活の場」が物理的に近い（仮設住宅は長屋式の建物であり、避難所はそもそも世帯別に空間が区切られていない。このことにより被災者同士の生活空間が近すぎる）ことで、飲酒者とのトラブルが当事者家族以外との間に生じやすく、アルコール関連問題が家族の外にも見えやすい状況になることが挙げられる。例えば、酩酊による暴言暴力でトラブルが発生する、身の回りのことができなくなることで、ごみが散乱する、においが出るなどの形で近隣住民が迷惑を被るといった問題である。

　さらに、大量継続飲酒をきっかけに発症するアルコール依存症の精神症状の

発症による暴言暴力や、大量飲酒による生活問題・健康問題によって、周囲が振り回されて疲弊するなど事態は深刻化している。しかしアルコール摂取コントロールの障害が主症状であり、難治性であるために、当事者が飲酒を止めるのは容易ではない。アルコール依存症はその介入・治癒の難しさから死亡例も多い。

　被災地で発生する諸問題の中でも精神保健福祉分野の問題は、震災後しばらく後に顕在化し長期化する。アルコール関連の問題を、震災から9年が経ったいま、取り上げて遅いということはない。

　本章は、前提理解のために、まずはアルコール依存症を中核としたアルコール関連問題について取り上げ、その後被災地の状況について述べていくことにしたい。

２．アルコール関連問題について

(1)　アルコール関連問題とは

　アルコール関連問題は、健康問題だけでなく、社会問題も含んでいる。飲酒する当人だけでなく当人を取り巻く家族や周囲の人々にも影響を及ぼしているからである。

　アルコール関連問題は多岐にわたる。まず健康面では身体への影響（臓器障害・外傷等）・精神への影響（依存症・うつ病・自殺・認知症）が、生活面では職場で飲酒に起因したトラブルによる失業、失業や飲酒のための費用に起因する貧困問題などが挙げられる。周囲の人々への影響としては家庭内暴力、虐待、アルコール・ハラスメント（飲酒の強要など）が、社会的な影響としては飲酒運転・生産性の低下・医療費の増大などが挙げられる。厚生労働省研究班の統計によれば、これらすべてを含むアルコールの飲みすぎによる社会的損失は4兆1,483億円にものぼるという。

　アルコール依存症は大量飲酒を継続することによって罹患する病であるが、

飲酒行動として①正常飲酒、②プレアルコホリズム[2]、③アルコール依存症の３段階があるといわれている。「プレアルコホリズム」と「アルコール依存症」の境目は、離脱症状[3]と連続飲酒[4]の経験がともにないことを操作的な境界としている。

⑵　アルコール依存症とは

　そもそもアルコールは精神作用物質（認知や情動などの精神機能に影響を与える物質のこと）である。精神作用物質には一度使用すると自分の意志では使用を止めることができなくなる（精神依存）ものがあり、物質が常時体内に存在するようになると耐性が形成され、知覚変容といった「酔い」の効果を得られなくなる。そのため摂取量はますます増え、それが悪循環となり、大量継続摂取の結果、生物学的な悪影響や、生活問題や精神症状の発症による周囲の巻き込みが起こる。

　アルコール依存症に至る生物学的な経緯については上述したとおりだが、実際にアルコール依存症の症状は何かというと、広くは飲酒に対するコントロール障害であるとされている。つまり「止められない」ことがその症状だといえよう。しかも、現在の医学ではアルコール依存症者が飲酒のコントロールを取り戻すための治療方法は開発されていない。そのため、「意思を強く持てば止められる」というのは主症状を気合で治せというに等しい。止められないのが主症状なのにそれを治す方法がないのである。

　では、アルコール依存症に罹患したら社会復帰は不可能なのかといえば、そのようなことは断じてない。なぜなら、断酒を続けることによって悪循環を止めることが可能だからである。そして断酒を継続することによって、健常成人と一見変わりない社会生活を送ることができるようになる。このため、アルコール依存症者の予後のために行う支援は、「治癒」を目指すものではなく、「回復」を目指すためのものである。

しかし、コントロール障害が主症状であるのにどうやって回復するのかと思われた方もいるであろう。実際にアルコール依存症の治療予後は決してよいとはいえず、アルコール依存症者の断酒率は、アルコール依存症専門医療機関退院後1年で30％前後となっている（樋口（2007））。また、飲酒によって死亡したアルコール依存症者の平均寿命は50〜52歳であるというデータがある（猪野・大越・奥宮（1991））。最初の「回復者」が現れるまでは、アルコール依存症に関して、医療は匙を投げた状態であった。なお、アルコール依存症が疾患として認識されるようになったのは、世界規模でいうと1979（昭和54）年の国際疾病分類第9版（ICD-9）からである。「酒を止められない」ことが「病気」であることが医療の世界でも認められて、まだ半世紀も経たない。

　さらに厄介なことに、アルコール依存症を「認めない」のは社会だけでなく罹患している当人も同様なのである。特に本人が認めない状況は「否認」といわれており、介入の大きな障害となってきた。そのため、否認については支援者の関心も高くさまざまな知見が出ているが、アディクション問題の発生からコントロール不能を認めないところまでを疾病否認として「第一の否認」、アディクションの原因と周囲への影響などとの向き合いの否認を「第二の否認」としているものが多い[5]。そして心理的な回復はこの否認を本人のペースで揺れながら解除していくプロセスを進めることである。

⑶　「回復」とセルフヘルプグループ

　そのような中、アルコール依存症の「回復者」があらわれたのは、1935（昭和10）年にアメリカで発足したセルフヘルプグループである Alcoholics Anonymous（無名のアルコール依存症者達：以下、AA）が最初であるとされている（野口（1996）など）。以来、アルコール依存症の治療現場においてセルフヘルプグループの果たす役割が重要視されてきた。この AA が、日本においては「断酒会」（現在は公益社団法人全日本断酒連盟が断酒会の最大組織

である）として、わが国の文化に馴染むように再構成され、アルコール依存症者のセルフヘルプグループとしては日本において最大規模の組織となっている。

　セルフヘルプグループとは簡単にいえば「何らかの問題を抱えている本人や家族自身の当事者グループ」（久保（2004））であり、より学術的に定義すると、「病気や障害など生活上も問題をもっているメンバー同士のセルフヘルプを生み出し、推進するために体験と体験的な知識を活用して活動し組織し運営している自立性と継続性を有するボランタリーで主体的なヒューマンサービスの活動体」（岩田（2010））である。セルフヘルプグループの基本は、ミーティングである。ミーティング時にお互いに誹謗・中傷しないことがルールであるが、アルコールに限らず、依存症のセルフヘルプグループでは、特に「言いっぱなし聞きっぱなし」を重視し、誰にも意見・非難をされない「安全な場」であるミーティングで、自分の体験談を語り、仲間の体験談を聴くことが大切であるとされている。セルフヘルプグループの共通的機能は、体験の共有を基盤とし、自己肯定感を得るなどして、自己決定や社会への発信のための力を得るところにあり、アルコール依存症者のセルフヘルプグループの機能としては、「酒が果たしていた役割の代替機能（飲酒機会の軽減・感情の癒し・エネルギーの補給）」と「酒なしの新たな生き方の創造機能（対人関係の能力の成長・自己の再発見・スティグマへの対処）」が挙げられる（野口（1996））。

　無論、現代まで支援者らが何もしてこなかったわけではなく、セルフヘルプグループ以外で回復を助ける介入は行われている。動機づけ面接と動機づけ支援、家族療法、心理教育プログラム、行動療法、認知行動療法など多くのプログラムがある。しかし、世界で最初の回復者を生み出したセルフヘルプグループの力を支援者らも重視しており、セルフヘルプグループは依存症からの回復のための中核であるという認識は、全国各地で行われているアルコールリハビリテーションプログラムの中にセルフヘルプグループへの参加が組み込まれて

いることからも明らかである。

3．災害とアルコール依存症

　災害後のアルコール依存症をはじめとしたアルコール関連問題についての知見は国内外にあるが、災害前のアルコール消費量を明らかにすることが困難であることから、災害によるアルコール依存症の増加を明らかにできるような知見は少ない（野田（2012））。しかし、インタビュー調査によって災害前後のアルコール依存症を把握した調査があり、それによると災害後のアルコール依存症のほとんどが、災害前からの継続および再燃であり、新たな発症率は2％であったとのことである（North（2011））。阪神・淡路大震災後の調査による知見からは震災後、飲酒量は必ずしも上昇しないが、何かしらの健康問題を抱えている被災者ほど飲酒量が増加する可能性が示唆されている（Shimizu et al.（2000）、高鳥毛（2001））。

　阪神・淡路大震災後に被災地断酒会会員を対象におこなった調査では、激震地区の方が再飲酒者の割合が多く、再飲酒の半数は震災後3か月に集中しており、震災が引き金になったと考えられた一方で、震災前に入院中・飲酒中の者がかなりの割合で断酒会参加を通して回復過程にあることも明らかになったという（野田・麻生・清水・他（1999））。

　阪神・淡路大震災後、仮設住宅での孤独死問題がマスコミに大きく取り上げられた。しかし、アルコール依存症者の孤独死は災害にかかわらず多いもので、震災前後で大きな変化はないという報告もある（上野・主田・浅野・他（1998））。つまり、アルコール依存症はもともと孤独死の危険性が高い病なのである。それが災害をきっかけに、仮設住宅で「見えやすく」なり、今まで少ない専門家以外に関心を持たれてこなかったアルコール依存症およびアルコール関連問題への介入が行われるようになったのが現状である。

4．被災3県におけるアルコール関連問題への支援

　東日本大震災では、広範囲にわたって被害が及んだが、本章では特に県内の被害が大きかった福島県・宮城県・岩手県の3県を中心に述べることとする。

　まず各県震災後のメンタルヘルスケア拠点についてであるが、2011（平成23）年12月、「被災者の心的外傷ストレス障害（PTSD）、うつ病、アルコール依存、自殺等さまざまな心の問題に対する対応や被災地の精神障害者への地域生活支援、関係機関への技術支援、人材育成など、総合的な心のケア対策を長期的に推進する」ことを目的に、みやぎ心のケアセンターが仙台市で開設された。2012年12月には石巻市内、気仙沼市内に「地域心のケアセンター」が設置された。福島県、岩手県では2012年2月に心のケアセンターが開設された。

　民間の動きとしては2012（平成24）年6月に仙台市・石巻市の精神科医が中心となって、震災こころのケア・ネットワークみやぎを設立し、石巻市の「からころステーション」という事務所を拠点にアウトリーチを行っているほか、民間の精神科病院が震災直後に緊急でアウトリーチを行って病院に保護したりするなど、社会資源の不足に苦しむ厳しい地域精神医療の中、現地の支援者らが必死の活動を行った。

　アルコール関連問題への支援は上記メンタルヘルスケア拠点および、専門機関・団体、当事者の自助グループ等の協力のもとに行われている。

⑴　東北地方には専門病床を持つ医療機関が少ない

　2012（平成24）年3月に発刊された『季刊［ビイ］Be！』（特定非営利活動法人アルコール薬物問題全国市民協会を母体に、アディクション全般、機能不全家族で育った生きづらさ・コミュニケーションやストレス対処などのライフスキルを扱う雑誌）によると、2011（平成23）年11月に開催された「東北アルコール関連問題研究会」では、医療法人東北会東北会病院（以下、東北会病

院）のデータが発表され、震災前1年間では新患のうちのアルコール依存症の占める割合は34％だったのに対し、震災から2か月目の2011年5月には45％、その後も発表時2011（平成23）年11月まで40％台が続いたという。

　震災当時の東北地方は、専門病床を持つ病院[6]は東北会病院ただ1つといっても良いような状況であった[7]。アルコール依存症患者を受け入れる精神科病院が他にないわけではなく、外来でアルコール依存症患者の対応を専門的に行っている診療所はある。しかし、本来であればアルコール依存症は精神科病院であればどこでも対応できるはずであるが、アルコール関連問題は医療機関で敬遠されがちであり、専門病院に任せがちなのがわが国の現状である。そのような状況下で、東北6県66,889㎢に専門病床を持つ病院が極めて少ないというのが東北地方の現状であった。

⑵　被災地におけるアルコール関連問題の増加

　東日本大震災が起こった2011年3月以降、岩手県、宮城県、福島県の3県では成人のアルコール消費量が急増している。国税庁が公表した都道府県別1人当たりの「酒類消費量」について、2010年度は3県とも全国平均を下回っていたが、2011年度以降増加傾向であり、2015年度では岩手県が2010年度より10ℓ近く、宮城県で16ℓ、福島県で16ℓ増加している。なお、同じ時期の全国平均はほぼ横ばいである。

　2011（平成23）年4月より、岩手県大槌町を中心に被災地支援を行っていた認定NPO法人世界の医療団によれば、アルコール依存症に関する相談件数が明らかに増えたと感じたのは、震災から1年がたつ頃だったという。実際に被災地でのアルコール関連問題の概況について述べると、宮城県石巻市のからころステーションでは、2013（平成25）年の時点で、主訴が「アルコール問題」である事例が106件にのぼったとアルコール関連問題学会で報告された。みやぎ心のケアセンターが発行している通信によると、第2号に記載された「2012

（平成24）年４月〜７月活動報告」には相談の主訴として項目になかったアル
コール関連問題が、第３号に記載されている「2012（平成24）年８月〜12月活
動報告」の集計には計上されるようになっていたことから、2012年後半にはア
ルコール関連問題の相談が寄せられ始めていることがわかる。さらに「みやぎ
心のケアセンター紀要４号」によれば、みやぎ心のケアセンターに寄せられた
相談の背景内訳（延べ件数・複数選択）における「アディクション問題」の件
数は、2013（平成25）年には1,062件、2014（平成26）年には1,549件、2015
（平成27）年には1,454件であり、相談の中でも高い割合を占めている（図６−
１）。

図６−１　みやぎ心のケアセンター相談件数内訳（延べ件数：複数選択）

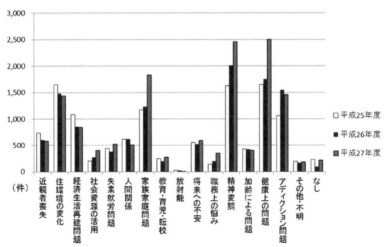

出所：みやぎ心のケアセンター紀要第４号（2016）

　「アディクション」とは「嗜癖」の事であり、広くは依存のことを指す。引
用元であるみやぎ心のケアセンター紀要にはアディクションの説明として「嗜
癖。ある特定の物質や行動、人間関係を特に好む性向である。止めよう止めよ
うと思いながらも止めることのできない悪い習慣に耽ってしまうこと」と記載
されている。宮城県には依存症の専門治療機関である東北会病院があり、対象

とする依存症もアルコールだけでなく、薬物やギャンブル、買い物依存の患者も受け入れている。しかし、ギャンブルや買い物依存といった行動嗜癖は診断基準がまだ安定しておらず[8]、依存を示す言葉の中でも最もさまざまな対象や容態を包括できる「アディクション」という用語が使われていると考えられ、実際に宮城県内で東北会病院を中心に開催している依存を中心とした勉強会は「宮城アディクション研究会」という名前である。つまり、この集計の中にはアルコール以外の依存症も件数に入っていることが推測される。そこで「専門的立場からの指導・助言の詳細」についての集計をみてみると（表6-1）、助言内容の中にアルコール問題だけでなく、ギャンブル問題や薬物問題が挙がっているのがわかる。しかし、ギャンブルと薬物が数件であるのに対し、アルコールは107件と圧倒的に多い。つまり、アルコールだけではないので「アディクション」という標記を使っているが、実際の内訳はほとんどアルコール関連問題であることが示唆されている。よって、宮城県はこの「アディクション」の集計結果をもって、アルコール関連問題への支援の必要性が高まっている状況だったといえよう。

表6-1　専門的立場からの指導・助言の詳細

専門的立場からの指導・助言詳細	件数
アルコール問題	107
ギャンブル問題	5
薬物問題	4
うつ	24
複雑性悲嘆	6
PTSD	10
虐待	56
その他	232

出所：みやぎ心のケアセンター（2016）

ふくしま心のケアセンターでは、2012（平成24）年の活動報告書の段階でアルコール関連問題の事例や対応の記載がみられており、2013（平成25）年の活動報告書では「アルコール」という言葉が44回も出てきており、アルコール関連問題への介入の重要性に触れる文面が前年度より増している。『季刊［ビイ］Be！』編集部（2014）の取材によれば、「仮設から上がってくる問題は、かなりの割合をアルコールが占めている」という。

　2014（平成26）年1月～2月、福島県は県内外の避難者6万人あまりを対象に「避難者意向調査」を行ったが、心身の不調を訴える者がいる世帯は67.5%、その中で「飲酒や喫煙の量が増えた」のは22.6%であった。

　ふくしま心のケアセンター（2015）によれば、全相談支援人数4,973名のうち、74.2%で何かしらの症状がみられ、その内訳の525件は「飲酒の問題」であるという（複数選択のため母数は6,112件）（図6－2）。

図6－2　ふくしま心のケアセンター相談の背景における「症状あり」の内訳
（複数選択）　n＝6,112

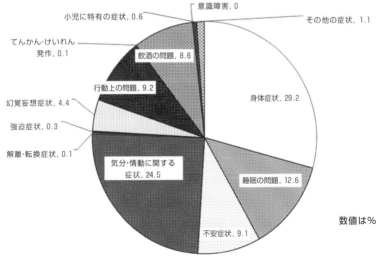

出所：ふくしま心のケアセンター（2015）

⑶　全国からの支援

　日本最古のアルコール依存症の専門治療機関である久里浜医療センターは、岩手県の要請を受け、2011（平成23）年３月24日から2012（平成24）年３月末までこころのケアチームを岩手県大船渡市に派遣した。支援内容は被災者を訪問し、悲嘆反応、うつ状態、アルコール関連問題がある人々を診察することであった。被災後のアルコール関連問題増加を予見した久里浜医療センターは「飲酒問題のスクリーニングと介入ツール」を開発し、印刷したものを岩手県・宮城県に提供、さらに久里浜医療センターのホームページに掲載して自由に使用できるようにし、現地の支援スタッフを対象に使用方法の研修会を行った。派遣の任期を終えた直後の2012（平成24）年４月６日の神奈川新聞の記事では、アルコール関連問題を持つ被災者への支援の必要性を、支援チームが訴えている。

　認定 NPO 法人世界の医療団の森川（2013）は、岩手県釜石市においてアルコール関連問題の支援を行った。現地の支援スタッフがアルコール関連問題の当事者対応に疲弊している様子をみた森川は、三重県四日市市の「アルコールと健康を考えるネットワーク事業」を参考に、地域の各関係者との情報共有体制を作り、「安心とは何か」、「安全のための知識」、「ストレングスモデル」を軸に、言い換えると、当事者の命を守るライン・周囲の安全・当事者と家族の安心・当事者のストレングス（良さ・力）を軸に支援するための事例検討会を開催して、支援者支援を行った。

　なお、これらの支援があった岩手県内部についての現状を補足すると、岩手心のケアセンターは岩手医科大学が委託を受ける形で運営されており、精神保健福祉センターや保健所など行政機関との連携体制で行われている。また、岩手県精神保健福祉センターではアルコール・薬物依存症事例検討会を定期的に行っている。

　宮城県では2011（平成23）年８月には石巻市より東北会病院に仮設住宅の飲

酒問題への支援要請があったが、東北会病院だけでは人手が足りず[9]、日本アルコール関連問題ソーシャルワーカー協会（以下、ASW 協会）が人材を派遣した（ASW 協会の支援はその後石巻市だけでなく、女川町、東松島市へと広がっていった）。依存症への介入が未経験の保健師などの支援スタッフらとともに、ASW 協会から派遣されたアルコール問題について経験豊富なソーシャルワーカーが介入することで、現地のスタッフが早い段階でアルコール問題に気づいて介入できるようになってきたとのことであった。

　福島県では支援体制の構築にあたり、肥前精神医療センターをはじめ、全国の専門機関が研修等の支援を行った。

(4)　専門支援機関を核とした支援

　宮城県ではもともと支援の中核をなす専門病院が地域やセルフヘルプグループとの関係性を日ごろから形成しており、依存症支援ネットワークが構築されている（泉・若林（2015））のが震災後の連携のとりやすさにつながったという支援スタッフの声があった（『季刊［ビイ］Be！』編集部（2012））。その関係性を基に各種支援機関が息の長い支援活動を続け、支援者支援を重視しながら活動しているため、支援者が育っているようであった。筆者は宮城県内で開催されている事例検討会に出席したことがあるが、支援者が丁寧に当事者とかかわっており、信頼関係を形成できている様子がうかがえた。

　みやぎ心のケアセンター（2016）では、東北会病院・特定非営利活動法人宮城県断酒会（公益社団法人全日本断酒連盟に加盟している宮城県の断酒会。以下、宮城県断酒会）・ASW 協会が、アルコール関連問題の協力機関として報告を載せている。東北会病院・ASW 協会は支援者支援やネットワーク調整活動を、宮城県断酒会はみやぎ心のケアセンターより事業委託を受け、気仙沼市・石巻市・東松島市・名取市でさまざまな形の例会（ミーティング）を行っている。2020（令和２）年２月11日に行われた宮城県断酒会主催の宮城市民セ

ミナーでは、宮城県断酒会の本吉支部、名取支部、七ヶ浜支部は震災後にできたとの話があり、自助グループという社会資源を地域に増やすという実績を残している。

からころステーションの支援活動としては、アウトリーチを専門とする機関であることから訪問時の受診勧奨、環境調整のほか、講演会・イベント・地元AAと連携したミーティングなど幅広い活動でアルコール関連問題に苦しむ被災者への支援を行ってきた。

石巻市では、非常に興味深い実践が行われていることが明らかとなった。男性は女性に比べて自発的な相談が少なく、イベントの参加に消極的である傾向に配慮し、男性が主役となるイベントを各支援機関が開催しているということである。例えば、からころステーションでは「おじころ」を開催し、それは午前中から集まって皆で料理を作り、午後は将棋やカラオケなど好きなレクリエーションに参加する形式であった。みやぎ心のケアセンター石巻地域センターでは「ここファーム事業」を行い、野菜や花の栽培を通じて気分転換や交流の場を提供したが、これは男性がサロンでは集まりにくいこと、何もすることがなくて飲んでしまうことが背景であった。男性は女性に比べて自殺既遂率が高いことなどを考えると[10]、石巻市での実践は地域精神保健福祉に大きな実績を残したといってよい。

アルコール関連問題には介入できても断酒に至るまでの過程や、断酒を継続することが困難であることから、当事者が死亡してしまうなど、なかなか成果を上げるのが難しかったり、時間がかかったりする苦しさがある。さらに、酔った当事者が支援者を威嚇することもあり、支援者が傷つく体験を抱え込まないようなサポートも必要となる（『季刊［ビイ］Be！』編集部（2012））。支援者支援の問題は前章でも取り上げられているが、今後も支援者のセルフヘルプグループや勉強会、事例検討会など、支援者同士がその苦しさを分かち合う場の確保、いつでも支え合える支援者のネットワークが重要である。宮城県

は、専門治療機関によるスーパービジョンのもと、支援者同士の分かち合いの場を持つ支援ネットワークのひとつのモデルを提示できる可能性をもっている地域である。

(5) 大々的な支援体制の増強

　福島県では病床を持つ専門病院が無く、古くからアルコール医療に取り組んできた機関は診療所（大島クリニック）が1つあるのみである。しかし、断酒会については、東北6県の中でも歴史が古く、また東北6県の中でも、人口に対して会員数が他県よりも多いという特色を持っている[11]。2013（平成25）年、南相馬市の断酒例会（断酒会のミーティングのこと）が復活した時点で、福島県のセルフヘルプグループの活動は再開したというが、後述するミーティングの会場不足などにより、震災前よりは開催回数が減っているという。

　以上のような状況を踏まえ、2014（平成26）年4月、ふくしま心のケアセンターは、地域アルコール対応力強化事業を実施するために、「アルコール・プロジェクト」を組織した。研修会・講演会・シンポジウム・市民公開講座を開催し、シンポジウムでは福島県内のアルコール依存症者によるセルフヘルプグループメンバーも参加している。さらに、同センターは、特定の地域でモデル事業を展開した。いわき市では支援者に対する研修会と住民へのアルコール教育、相双地区では高校・消防署・仮設住宅等への啓発活動、雲雀ヶ丘病院と協働による勉強会と事例検討会、からころステーションでの研修、相馬市での断酒会立ち上げ準備が行われた。2015（平成27）年に至っては、活動報告書における「アルコール」の出現回数は189回にのぼり、住民向けの講話やアルコール家族教室が各地で開催されるなど、アルコール関連問題への対応強化が進んでいる。特にモデル事業が行われている相双地区では2014（平成26）年度から準備が進んでいた断酒会がついに立ち上げとなり、社会資源の開発という成果を上げている。筆者も所属しているASW協会の東北支部研修会には、近年ふ

くしま心のケアセンターのスタッフが必ず出席しており、アルコール関連問題の支援ネットワーク構築への意気込みがうかがえる。2015（平成27）年度より、福島県でも男性に焦点を当てたアプローチとして「男性の集い」を行っている。「男性の集い」は前節の宮城県での「おじころ」との共同イベントも行ったとのことである。

　大災害をきっかけにアルコール関連問題が深刻化しており、向き合わざるを得なくなったという背景ではあるものの、この福島県の「アルコール・プロジェクト」は、地域のアルコール関連問題支援ネットワーク構築を大々的に進めた事例であり、評価できる取組みであろう。

5．アルコール関連問題支援についての提言

　被災３県のアルコール関連問題とその支援状況を報告したが、第５章にもあった支援者支援の問題がもっとも如実化したのは、アルコール関連問題なのではないかと、筆者は考えている。なぜなら、アルコールに限らず、依存症やアディクションの問題に専門的に取り組んでいる支援者は大変少ない。そのような中、被災地におけるアルコール関連問題の相談件数が多く、そこで対応する支援者の多くが対応できていない。とはいえ専門的な知識や技術を持つ支援者では到底数が追いつかない。対応するには現地の支援者がアルコール関連問題に自力で対応できるような体制を作ることが急務だったのである。内外の専門家たちはその現状をよくわかっており、一貫して支援者支援を軸として活動した。

　アルコール依存症はその難治性と初期介入の困難さゆえ、精神医療からは疎外され、専門医療化が進んだ歴史を持っている。専門医療の必要性を強調すれば、専門医療に任せておけばよいという傾向が助長される（野田（2012））。この経験により他の地域の支援者らには、アルコール関連問題に日ごろから関心をもち、いつでも各機関の連携で対応できるよう、支援ネットワークを形成し

てほしいと強く願っている。実際、アルコール関連問題に苦しむ人々は現存する専門医療機関でカバーできるような数ではないからである。

　このような状況を踏まえて提言を行う。

(1)　アルコール関連問題対応力の底上げを

　被災地におけるアルコール関連問題への支援のあり方としては、まずは被災者にかかわる者が、被災者の生活背景にあるアルコール関連問題に気づけるようになり、被災者のつらさを受け止めながらも長期的な視野で、プレアルコホリズムの場合は節酒、アルコール依存症患者の場合は断酒に、つなげていけるよう支援することが望まれる。

　しかし、これらは被災地に限らずアルコール関連問題に対するわが国の精神医療保健福祉領域に求めることと全く同じであり、むしろわが国のアルコール関連の問題への対応の脆弱さが震災を機に露呈したといえる。

　被災地では震災をきっかけにアルコール関連の問題への関心が高まり、取組みの輪が広がっている印象を受けている。各地の支援者の話から、震災後に問題飲酒が進む例もある一方で、阪神・淡路大震災でもそうであったように、東日本大震災をきっかけに今まで隠されていたアルコール問題が外部（同居家族以外の親戚や遠方に住む子ども世帯など）に発覚し介入に至ったケースも少なくない。それは凄惨なまでの被害をこうむった震災の、わずかな「不幸中の幸い」なのではないかと、筆者は考えている。

　アルコール関連問題は当人や周囲が偏見を恐れて隠す傾向があるため、支援者のアルコール関連問題に対する感度を上げ、わずかな兆候からも問題に気づいていくことが介入していくうえで重要である。

　2013年、アルコール健康障害対策基本法（以下、基本法）が成立し、国によってアルコール健康障害対策推進基本計画（以下、基本計画）が策定され、都道府県アルコール健康障害対策推進計画の策定が進んでいる。

　基本法は理念法であり、基本理念として「アルコール健康障害の発生、進行

及び再発の各段階に応じた防止対策を適切に実施するとともに、日常生活及び社会生活を円滑に営むことができるように支援」することと、「飲酒運転、暴力、虐待、自殺等の問題に関する施策との有機的な連携が図られるよう、必要な配慮」が掲げられている（第3条）。また基本法では、国・地方公共団体・事業者・国民・医師等・健康増進事業実施者に対し、それぞれ義務を課している。国と地方公共団体には対策・施策を策定・実施すること（第4条・第5条）、事業者（酒類の製造又は販売を行う事業者のこと）は、この対策に協力することとアルコール健康障害の発生、進行及び再発の防止に配慮すること（第6条）、国民はアルコール関連問題（アルコール健康障害及びこれに関連して生ずる飲酒運転、暴力、虐待、自殺等の問題）に関する関心と理解を深め、アルコール健康障害の予防に必要な注意を払うよう努めなければならないこと（第7条）、医師その他の医療関係者・健康増進事業実施者は、国及び地方公共団体が実施するアルコール健康障害対策に協力し（第8条・第9条）、さらに医師その他の医療関係者はアルコール健康障害に係る良質かつ適切な医療を行うよう努めること（第8条）が課せられている。第22条では、アルコール依存症患者団体、自助グループに対しての支援についても明記している。

　そしてこの基本法の大きな特徴のひとつとして、関係省庁の多さがある。第25条には「政府は、内閣府、法務省、財務省、文部科学省、厚生労働省、警察庁その他の関係行政機関の職員をもって構成するアルコール健康障害対策推進会議を設け（後略）」とあり、関係省庁が明記されている。これはアルコール関連問題が及ぼす影響の範囲の広さに対応するものである（若林（2016））。

　今後この基本法・基本計画によって情報提供の機会は少なくはなく、例えばASW協会では基本法の施行を受け、ソーシャルワーカーのためのアルコール依存症回復支援基礎講座を開催しており、公益社団法人全日本断酒連盟も、市民向けのセミナーを行っている。基本法内でも明記されている「アルコール関連問題啓発週間」では、全国で啓発活動も行われ、厚生労働省のホームページ

にも依存症対策のページができ、以前よりもアルコール関連問題に関する情報もアクセスしやすくなってきている。

　なお被災3県については、平成29年度には岩手県と福島県、平成30年度には宮城県で都道府県アルコール健康障害対策推進計画が策定され、3県それぞれ被災者のアルコール関連問題への対策が明記されている。3県とも今まで行ってきた被災地のアルコール関連問題支援活動の継続を中心に、被災地域の自助グループ支援、各種研修・啓発事業を行う旨が記載されている。

(2)　被災地における「飲酒への介入」の難しさと支援者の燃えつき

　次に、被災者支援における「飲酒への介入」の難しさについて述べてみたい。近年のアルコール依存症への介入は昔の「底つきモデル（本人が自分ではどうにもならないと気づくまで待つ）」から、「ブリーフインターベンション（早期介入）」・「節酒も含めた飲酒量への介入」に移行しているが、どちらも飲酒への介入があることは同じである。しかし、「酒を控えるようにと言っても、『だったら家族を返せ』と言われた」、「震災で家族を無くし、凄惨な体験を語る被災者に「飲むな」とは言えなかった」、というようなエピソードがあるように、通常のアルコール依存症者の治療のために行っているような働きかけが、通用しないことも多い。阪神・淡路大震災後の支援活動の経験より、断酒を持ちかけると関係づくりが困難となり、良い結果に結びつかないという意見もある（野田（2012））。飲酒問題への介入よりも、まずは被災者の気持ちに寄り添い、信頼関係を築いていくことが大切である。

　目の前の対象者の思いに寄り添う姿勢は、社会福祉分野における支援の考え方としてはむしろ基盤にあるものである。しかし長年アルコール関連問題にかかわってきた支援者でも、アウトリーチに慣れていなければ、ある程度治療意欲のある層を対象としているため、飲酒問題の背景への丁寧なかかわりに慣れているとは限らない。よって、飲酒への介入が難しいということは、被災地の

アルコール関連問題の支援は、アルコール依存症支援にかかわっていた者であっても困難が伴う可能性があることを示している。それでも経験者は今までの経験を基に被災者とのかかわりの特殊性について考えればよいが、基盤がない者にとって被災地のアルコール関連問題への介入が困難を極めることは想像に難くない。繰り返しになるが、アルコール関連問題は、精神保健福祉領域でも疎外されてきたため、元々支援の経験がある者が少ない。そのため被災地支援において、専門家の支援者支援が必要である。被災地の支援者は専門家のスーパービジョンを受けながら周囲で困難を共有し、支援者の燃え尽きを防ぐことが重要である。

6．おわりに

　最後に、災害という非常事態におけるアルコール関連問題を考えるにあたり、「異常になる健康さ」についてお伝えしたい。被災地でアルコール関連の問題の支援にかかわった支援者は、正常ではない状況で「異常になる健康さ」の大切さを痛感し、「皆で安心して具合悪くなろうよ」というようなキャンペーンが必要であるという（鈴木（2012））。この考えに筆者も強く共感する。災害という非常事態時に誰も具合が悪くならないのはかえって不自然であるし、反応のひとつとしてアルコール関連問題が生じたのだとすれば、それも自然なことなのではないだろうか。大切なのは「具合が悪くならない」ようにすることではなく、「具合が悪くなった」時に皆で分かち合い、回復を支援することである。

<注>
⑴　ホームページは現在移転しているが、移転後 HP の「報告／資料」の「その他」に旧
　　HP のリンクが残っており、当該ページアドレスは https://jssc.ncnp.go.jp/archive/old_
　　csp/hisaichisien.html である。
⑵　「プレアルコホリズム」とは、正常飲酒と依存症の間を指す。この言葉は新しく、古く

は「アルコール乱用」や「有害な使用」など、複数ある精神疾患の診断基準ごとの呼び方がされていた。しかしこれら従来の呼び方の場合、診断基準の項目も異なるため、「アルコール依存症」との境目の判断基準も異なることから、厚生労働省による情報提供サイト「e-ヘルスネット」の情報評価委員会は、統一した呼び方として「プレアルコホリズム」を提案している。本書もそれにならってこの表記とした。

(3) 離脱症状とはある物質を反復し、長期にわたって大量に使用したあとで、その物質から完全あるいは不完全に離脱することによって生じたさまざまな症状と重症度から成る症候群のことであり、その症状はけいれんや振戦せん妄を伴うもの、睡眠障害、抑うつなどさまざまである。

(4) 連続飲酒とは抑制喪失飲酒の典型で、酒を数時間おきに飲み続け、絶えず体にアルコールのある状態が数日から数か月も続き、その間食事を摂ることはほとんどない状態のことを指す。

(5) 否認の分類は3段階とする説もある（山本（2015））。これによるとアディクション問題を起こしているのを認めないのが「第一の否認」、問題を認めても自分で止められるからとコントロール不能状態を認めないのが「第二の否認」、コントロール不能は認めても、なぜアディクションが必要になったか、アディクションを続けたことでどれだけ周囲に迷惑をかけて、自分に害があったかは苦しいのでさわらず、アディクションを止めればOKとするのが「第三の否認」であり、従来の2段階よりもより詳細な分析がされている。

(6) 医療法にて病院は20床以上、診療所は20床未満の医療機関と定められており、本稿でもその定義に従って記述している。

(7) 専門病院の定義は難しいが、東北会病院がアルコール依存症の治療に携わっているのは確かであり、1978（昭和53）年よりアルコール依存症専門病棟を開設している。2019年現在では青森県の青南病院がアルコール専門治療プログラムを行っており、依存症対策総合支援事業における相談拠点機関の専門医療機関として登録されている。

(8) 例えばインターネット依存については、世界保健機関（World Health Organization：以下 WHO）が策定した国際疾病分類第10版（International Statistical Classification of Diseases and Related Health Problems 10th edition：以下 ICD-10）では分類記載がないが、ICD-11ではその一部であるゲーム障害が記載される。

(9) 東北会病院は震災直後より仙台市に限らない宮城県各被災地の依頼に応じてスタッフが赴き、支援者支援および各所への訪問支援を行っていた（日本アルコールソーシャルワーカー協会（2015））。

(10) 警察庁が自殺統計を開始した1978（昭和53）年より2017（平成29）年まで一貫して男性の自殺者の方が多い。

⑾　もうひとつ主流のセルフヘルプグループである AA については、ブロック別の会員数
　　データはあるものの、県別の会員数データが存在しないため言及は困難である。というの
　　も、AA のメンバーは匿名で活動しているからである。また、出席記録なども行わないこ
　　とを明言しているため、大まかな全体の人数や内訳などを数年に一度発表しているが、県
　　別のデータなどはない。

＜引用参考文献＞

North CS.,Ringwalt CL.,Downs D.,et al "Postdisaster course of alcohol use disorders in
　　systematically studied survivors of 10 disasters," Arch Gen Psychiatry, Vol.68, 2011,
　　pp.173-180.

Shimizu S., Aso T., Noda T., et al. "Natural disasters and alcohol consumption in culturel
　　context; the Great Hanshin Earthquake in Japan," Addiction, Vol.95, 2000, pp.529-536.

泉啓・若林真衣子「仙台市における依存症支援のネットワーク形成史―T病院と自助グルー
　　プの協働関係に注目して―」『東北文化研究室紀要』第56巻、2013年3月、21-37頁。

一般社団法人福島県精神保健福祉協会ふくしま心のケアセンター『ふくしま心のケアセン
　　ター活動報告書』

一般社団法人福島県精神保健福祉協会ふくしま心のケアセンター『ふくしま心のケアセン
　　ター地域アルコール対応力強化事業（アルコール・プロジェクト）平成26年度報告書』

上野易弘・主田英之・浅野水辺・他「震災前後における神戸市内の独居死の比較検討」『神
　　戸大学都市安全研究センター研究報告』第2巻、1998年、279-284頁。

太田優貴「被災地におけるアルコール問題の支援活動報告」『日本アルコール関連問題学会
　　雑誌』第16巻第1号、2014年7月、186-190頁。

岡崎茂「第3部　宮城県精神保健福祉士協会の動き　仙台こころのケアチームの活動『避難
　　所における巡回相談について』」宮城県精神保健福祉士協会『伝えたい、つなげたい3.11
　　東日本大震災とみやぎPSW　精神保健福祉士の実践記録集』2014年3月、133-138頁。

警察庁『自殺者数』
　　http://www.npa.go.jp/publications/statistics/safetylife/jisatsu.html

猪野亜朗・大越崇・奥宮祐正「アルコール依存症の短期予後と長期予後―断酒会員の追跡調
　　査から―」『精神神経学雑誌』第93巻第5号、1991年、334-358頁。

季刊 Be! 編集部「被災地から―『飲んで死んでも本望』という人に、どう介入する？」『季刊
　　Be!』第109号、2012年12月、22-25頁。

季刊 Be! 編集部「仮設住宅のアルコール関連問題取り組む！」『季刊 Be!』第106号、2012年
　　3月、26-29頁。

季刊 Be! 編集部「原発事故、その心へのインパクト　福島の飲酒問題に取り組む」『季刊
　　　Be!』第116号、2014年9月、22−26頁。

公益社団法人宮城県精神保健福祉協会みやぎ心のケアセンター　『みやぎ心のケアセンター
　　　紀要第4号』ハリウコミュニケーションズ、2016年9月

宮城県精神保健福祉士協会『伝えたい、つなげたい3.11　東日本大震災とみやぎPSW　精
　　　神保健福祉士の実践記録集』2014年3月、165−171頁。

国税庁『酒のしおり』2017年3月、48頁。

自殺総合対策推進センター旧ホームページ「いきる」UPDATE 過去の記録
　　　http://jssc.ncnp.go.jp/archive/old_csp/oldupdate.html

鈴木俊博「被災と支援とアディクション―ある精神科病院の3・11―」『アディクションと
　　　家族』第28巻第4号、2012年9月、251−255頁。

先崎章「代表的な精神疾患」日本精神保健福祉士養成校協会編『新・精神保健福祉士養成講
　　　座1 精神疾患とその治療第2版』2016年2月、97−100頁。

高鳥毛敏雄「都市住民男性の飲酒習慣ならびに飲酒量の増加に関連する要因―大震災後の応
　　　急仮設住宅入居者における分析」『日本公衆衛生雑誌』第48巻、2001年、344−355頁。

融道男・中根允文・小見山実・岡崎祐士・大久保善朗　監訳『ICD-10　精神および行動の障
　　　害―臨床記述と診断ガイドライン―』2005年3月

独立行政法人国立病院機構久里浜医療センター「東日本大震災関連」『久里浜医療センター
　　　ホームページ』https://kurihama.hosp.go.jp/about/disaster/（東日本大震災久里浜医療セ
　　　ンター被災地派遣活動報告が記載され、詳しい報告書がpdfでも公開されている）

野口裕二『アルコホリズムの社会学』日本評論社、1996年3月、64−73頁。

野田哲朗「災害とアルコール問題―被災地における中長期的なメンタルヘルス問題」『精神
　　　医学』第54巻第11号、2012年11月、1079−1086頁。

野田哲朗・麻生克郎・清水信二・他「阪神・淡路大震災が被災地断酒会に及ぼした影響（第
　　　2報）―震災後の断酒会員の実態」『日本社会精神医学会雑誌』第7巻、1999年、229−
　　　238頁。

野田哲朗・川田晃久・安東龍雄・大石和弘・平野健二・今道裕之・倉内道治・岩田泰男・日
　　　山興彦（1988）「一衛星都市（大阪府高槻市）におけるアルコール症者の実態と長期予後」
　　　『アルコール研究と薬物依存』第23巻第1号、1988年、26−52頁。

樋口進「アルコール依存症治療の現状と将来の展望」『精神神経学雑誌』第109巻第6号、
　　　2007年、534−535頁。

藤田さかえ「東日本大震災被災支援事業　石巻市における日本アルコール関連問題ソーシャ
　　　ルワーカー協会の支援活動報告」（一社）日本アルコール関連問題ソーシャルワーカー協

会編『日本アルコール関連問題ソーシャルワーカー協会30周年記念誌』2015年、23−27頁。

森川すいめい「アルコール対策『連携』への糸口を作る！」『季刊［ビイ］Be！』第108号、2012年9月、44−47頁。

森川すいめい「東日本大震災被災地域でのアルコール依存症者支援の試み―岩手県釜石市における支援活動から」『地域保健』第44巻7号、2013年7月、19−25頁。

山本由紀「アディクションの心理」山本由紀編『対人援助職のためのアディクションアプローチ―依存する心の理解と生きづらさの支援』中央法規出版、2015年、31−46頁。

若林真衣子「第2章第3節アルコール健康障害対策基本法と現代社会」『実践社会学を創る』日本教育財団出版局、2016年8月、74−79頁。

岩手県アルコール健康障害対策推進計画
http://www.pref.iwate.jp/dbps_data/_material_/files/000/000/063/113/alcohol_plan_300322_ver2.pdf

福島県アルコール健康障害対策推進計画
https://www.pref.fukushima.lg.jp/uploaded/attachment/260057.pdf

宮城県アルコール健康障害対策推進計画
https://www.pref.miyagi.jp/soshiki/seihosui/alcohol-plan.html

第7章

震災後のこころのケアを中心とした
プロジェクト・フィージビリティ

1. はじめに

　本章では、「震災後のこころのケア」をミッションとし、それを実現可能とするハイブリッド型統合医療センタープロジェクトやその経済性検証の手法を検討するとともに、その手法を担える人材育成についても提言したい。

　医療の現場で、60年以上にわたって看護の世界とかかわってきた川嶋みどり氏（日本赤十字看護大学名誉教授）は、「看護とは何か」を問い続け、知識を臨床に反映する教育を推し進めてきた。看護の基本は"手当"にあると考え、TE—ARTE という言葉を世界の共通語にしようと考えている。被災地・石巻市（宮城県）における活動は、統合医療の概念にとって象徴的である。

　加えて、東日本大震災を契機として、東北大学大学院に、臨床宗教師コースが設置認可され、医療の世界に、CURE と同時に、CARE という介護のコンセプトが導入されたことは、ハイブリッド型統合医療という概念にとって象徴的である。

　ジャーナリズムにおいても、地元の河北新報社長一力雅彦氏が、「再生へ心一つに、メデイアの役割」と題して東日本大震災に関する講演をされている。その中で注目すべきは、第一に、被災3県（岩手県、宮城県、福島県）では、新潟日報とシステム協定を結び、同社の免震構造の輪転機を回して、東日本大震災の翌朝に、新聞を発行した実績があるということ、第二に、医療に関して

図7－1　政策金融による危機対応円滑化業務

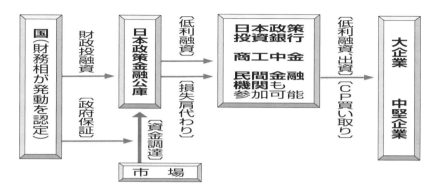

出典：日本経済新聞（2011）

は、自治医大の東北版ということで、昭和54年に琉球大医学部が開設されて以来、37年ぶりに東北地方で医学部が開設される運びとなったということがある。第三に、河北新報が連載する「挽歌の宛先　祈りと震災」の中で、神職の資格をもつ京都大学心の未来研究センター教授（宗教哲学）の鎌田東二氏が、「歌は言葉の意味を超えて、深く響き、それは祈りの次元である」といっていることであろう。これはハイブリッド型統合医療に直接結び付く概念であるといえる。

　本章はファイナンスにも重点を置いている。東日本大震災と金融、とりわけ政策金融との関係について紹介すると、当時の記事に『東日本大震災、10兆円規模の危機対応融資』（日本経済新聞（2011））とある。具体的には、復旧・復興資金に不安を抱える企業を支援し、危機対応融資を発動する方針であると伝えている。リーマン・ショック後の2008年末に始めた危機対応円滑化業務を活用すると、融資枠は10兆円規模に膨らむ可能性がある。郵便貯金などを使った「災害復旧ファンド」が検討されることになり、大震災の復旧・復興に向けた公的金融支援の枠組みづくりが本格化した。

　以上要するに、医療、介護、ファイナンスに重点を置いた議論を展開するこ

とが重要であり、本章では、震災復興活動において、臨床宗教師の育成に見られるような、医療・介護ハイブリッド型統合医療を政策提言したい。加えて言うと、ハイブリッド型統合医療センターのプロジェクト・フィージビリティ検証能力を有する人材育成を提言する。

　さらに、東日本大震災に直面して、統合医療もひとつの対応策になるのではないかと考察を試みた。統合医療に関するこれまでの議論を紹介するとともに、通常のプロジェクトに関する経済性の検証手法により、統合医療センターのプロジェクトのフィージビリティを考察することを目的としている。

2．医療からハイブリッド型統合医療への系譜

　ここでは「こころのケア」を中心に置いた医療・介護のコンセプトの変遷を述べる。

　医療は西洋医学と東洋医学の2つに大別されるが、それぞれに存在理由がある。西洋医学は要素還元主義といわれ、身体の部分を部位と称して細分化するなど分析的で、近年は Evidence Based Medicine（EBM）といったことが重要視されている。一方、東洋医学は、漢方、アーユルヴェーダなどに見られるように、構造主義と言われる全体的、体系的な医療である。これらを、不偏不党に共存共栄させ、人類の願望である健康長寿を実現しようとするのが、統合医療の「医」の部分である。加えて、食養学の「食」の部分、精神医学の「心」の部分、これらを三位一体として機能させ、高まる医療費の削減、Quality of Life の実現といった費用対効果、コストパフォーマンスを向上させるのが、統合医療である。

　統合医療に関しては、後述するように、百家争鳴の議論があり、本章では、日本統合医療学会名誉理事長、東京大学名誉教授渥美和彦氏、日本医療経営学会理事長、ニューヨーク医科大学元教授廣瀬輝夫氏をはじめとした学者等による知見を参考に研究している。さらに近年は、高齢化の進展によって、医療に

加えて、介護も重要なテーマであり、この間のシームレスな対応が要請されていることから、ハイブリッド型統合医療の重要性が増している。

3. 統合医療に関する現代的潮流

ここでは、政策的な対応やこころのケアを中心に置いた医療、食養学を述べ、情報の非対称性の軽減策について提言したい。

(1) 厚生労働省などの政策的系譜

統合医療に関する政策的系譜は、次のとおりである。

厚生労働省の「統合医療のあり方に関する検討会」（第1回平成24年3月、第2回平成24年4月（資料：「統合医療と厚生労働省の取り組み」））によれば、統合医療の定義や内容についての共通認識は確立されていないが、日本統合医療学会の考える統合医療は、患者中心の医療、身体のみならず、精神、社会、さらには、精神的な面を含めた全人的医療、個人の自然治癒力の推進により、治療のみならず、むしろ健康の増進を目標とした病気の予防や健康といったことを特徴としている。これは健康維持、長寿・抗加齢の医療のことで、すなわち、生まれてから死ぬまでの包括医療ということである。

また、米国衛生研究所、相補代替医療センターによる統合医療とは、従来の医療（西洋医学）と安全性、有効性について質の高いエビデンスが得られている相補代替医療（ハリ・灸、各種マッサージ、骨接ぎ，整体、食事療法、断食療法、サプリメント、アロマテラピー、温熱療法、磁気療法、音楽療法、森林セラピー、アーユルヴェーダ、ヨーガ、気功など。Complementary and Alternative Medicine：CAM と略称）とを組み合わせたものであると定義している。

さらには、厚生労働省は、具体的な取り組みとして、統合医療プロジェクトチームを平成22年2月に設置し、統合医療に関する現状の把握と今後の取り組み方策について概括的に検討し、統合医療に関する知見の創出を目的とした厚

生労働科学研究を実施した。具体的な規模は、平成21年度8課題予算額約8千万円、平成22年度34課題予算額約10億円、平成23年度36課題予算額約8億4千万円である。

日本統合医療学会では、医療の歴史は、エジプト、メソポタミア、インド、中国の四大文明から始まり、西洋医学と東洋医学に収れんし、未来の医学は統合医療になるといった時系列的な解説をしている。この統合医療は、東西文明の融合、世界資源の有効利用、医学の進歩による臓器治療の終焉をめざし、予防医学の台頭、全人的医療へ展開するといったシナリオが示されている。統合医療の定義として、患者中心の医療、身体・精神・社会などの全体医療（治療のみならず、疾病予防なども含む）とも考えられている。

平成25年2月26日には、自民党政調会、統合医療プロジェクトチームが「統合医療推進のために」という資料を発表している。検討項目は、現代医療の課題、統合医療の概念、統合医療の推進に向けてなどで、この資料には、QOL重視など統合医療の目指す方向性、統合医療の推進に向けて、短期的には情報集約のための「相補代替医療情報センター（仮称）」の設置、中期的には「統合医療センター（仮称）」の設置、長期的には統合医療コーディネーターなどの資格制度の整備を謳っている。しかし、総じて、先進国に比較して緩慢で、人材が急に育成されることはないので、可及的速やかなロードマップが必要である。

(2) **統合医療に関する情報の現代的潮流**

本章では、統合医療の定義を西洋医学をベースとして東洋医学を織り込んだ心（心理学）、食（食養学）、医学で構成し、これらの三位一体により、QOLや健康長寿を実現するものとしている。これらの三位一体のそれぞれの現代的潮流としては、こころのケアを中心として、以下のように観察される。

三位一体によるQOL達成の第一要素のこころのケアのフェーズは以下のと

おりである。

　心身医学ということで、統合看護学、アーユルヴェーダ、ヨーガ、気功、森林療法、音楽療法、アロマテラピーなどを含めているが、しかし、効能の検証は、いまのところ、不十分である。永田勝太郎氏（WHO（世界保健機構）で心身医学・精神薬理学）によれば、健康・病気の新しい考え方はCureからCareへ、病気の原因追究論ではなく、健康創生論へ向かっており、原因の除去ではなく、資源（その人）の活用というものである。フランクル博士（Viktor Emil Frankl、アウシュビッツ体験者）によれば、あなたが絶望しても、人生は絶望しない。何か（誰か）があなたを待っている。これが、実存分析（ロゴセラピー）といわれるものである。その著作『夜と霧』において、強制収容所における体験を通して、フランクル博士は、絶望の果てに光を発想している。この系譜は九州大学の心療内科で、池見教授に引き継がれている。アーユルヴェーダは、ヨガを含めて古代の叡智を生かし、今をいきいき生きるコツを教えるインドの医学である。隣国のスリランカにおいては、アーユルヴェーダ省があるほど力をいれている。群馬大学の小板橋喜久代氏は、リラクゼーションにより、自然治癒力を引き出すようなこころのケアを指導している。生活行動援助学の川島みどり氏は、従来の触診をTE-ARTEと置き換え、その重要性を強調し、東松島市にハウスという名の実践道場を構築し、普及に尽力している。東北大学大学院にも、前述のごとく、東日本大震災を契機に臨床宗教師コースが設置認可されている。

　三位一体によるQOL達成の第二要素の食養学のフェーズは、以下のとおりである。食養学は食事療法、断食療法、サプリメント、食養生、ヴェジタリアンで構成されている。

　三位一体によるQOL達成の第三要素の医学のフェーズは、以下のとおりである。小池弘人医師（ワイル博士主催の統合医療プログラム履修者）によれば、統合医療とは、相補代替医療と現代医療を橋渡ししたものである。この相

補代替医療とは、前述のごとく、ヨーガ、太極拳、サプリメント、健康食品、漢方などの伝統医学の総称で、CAM（前述）と略称されている。東京女子医大准教授の川島朗氏によれば、統合医療の定義が百家争鳴で、その教育機関がなく、不適切と思われる CAM 情報が氾濫し、CAM 施行者が横行し、西洋医学者と CAM 施行者との交流の場が不十分という評価がある。加えて、川島氏は、統合医療の安全性、有効性、および経済性の検証が十分なされていないことを指摘している。ブリッソンダヴィド氏（オステオパシーのフランスライセンス所有者）によれば、オステオパシーは手による施術で自己治癒力を高めるもので、フランス政府では、医療行為として認可されている代替医療である。学問体系も、教育マニュアルも整備されており、ライセンス授与のためのベンチマークも明示されている。日本の学会では検討も未済で、むしろ否定的である。タイマッサージ師の若林洋子氏によれば、タイ式伝統マッサージは、医療分野で発展、自然治癒力を最大限に生かすもので、森（全体）を見て木（部分）を見るように患者の症状に対処している。加えて、CAM を保険診療の対象にすることを提案している。

(3) **統合医療に関する情報の非対称性の軽減策**

　相互の情報開示、情報共有、診療レベルの向上、および、それぞれの安全性、有効性および経済性に関する公的な評価機関の設立などが重要な前提であり、対策となる。これらが可能となって、心、食、医、3つのフェーズに QOL 未達のリスクが、広く、薄く、分散され、それらの相互作用により、国民医療費の削減が可能となる。

４．統合医療の経営戦略およびプロジェクト・フィージビリティ

　ここでは、震災後のこころのケアを中心としたプロジェクトの経済性検証を実施する。

　プロジェクトのマネジメントは、地方創生プロジェクトと同様に、プロジェ

クトの理念、事業計画、経済性検証が重要である。理念として震災後のこころ
のケア、これを実現する事業策定、この事業計画の経済性検証のプロセスを踏
み、これらを合わせて、三位一体のプロジェクトマネジメントということがで
きる。

　プロジェクトの経済性検証を重視するとは、そもそも、有効性、安全性は重
要視されているが、筆者は、経済性も含めて、三位一体の検証が重要と考えて
いる。

　各種のプロジェクトマネジメントが存在するが、筆者は、ファイナンシャル
マネジメントによるプロジェクトマネジメントを最終手段と考えている。なぜ
ならば、財政が逼迫する現状を前提に、妥当性が高いからである。

⑴　**統合医療経営に関する事業環境分析**

　まず、統合医療の事業について、5フォース分析を行って、外部環境を調べ
る。

①　参入障壁に関して、個々の医療は従来どおりであるが、西洋医学を前提と
　した統合医療は高度で参入障壁は高く、したがって、新規参入の脅威は小さ
　い。

②　競争状態に関して、統合医療を担う組織は稀有で、したがって、競合は少
　ない。

③　代替品の圧力に関して、統合医療に類するものは観察されず、したがっ
　て、代替品の圧力は小さい。

④　需要サイドの圧力に関して、西洋医学を前提とした統合医療による心、
　食、医、三位一体の Quality of Life を享受する必要性や統合医療による医療
　費の削減期待は高く、したがって、需要サイドの圧力は強い。

⑤　供給サイドの圧力に関して、西洋医学を前提とした統合医療を行える人は
　少ないので、供給サイドの圧力は強い。

⑵　統合医療センター設備投資および Project Feasibility Simulation Model

　前述の事業環境を前提として、医療産業、統合医療センタープロジェクトについて、ファイナンスで常套手段となっている審査分析を行う。

　具体的には、モデルケースの統合医療センター（イギリスではカルムヴァレー統合医療センター、日本ではメディカルプラザ市川駅の例など）を構築・建設するプロジェクトを分析する。統合医療プロジェクトの具体的事例としては、未だ少なく、前述のメディカルプラザ市川駅がある。メディカルプラザ市川駅は、総合病院で、ここの医療施設としての「健美齢」で、鍼灸・漢方療法などの東洋医学を、西洋医学的なアプローチで処方している。

　ちなみに、ここでは、モデルケースということで、営業収入に関して、診療報酬の積み上げではなく、所与のケースを前提とする。

　ここで、統合医療を実現するために、統合医療センターを設備投資することを考えているが、このプロジェクトに関する審査分析を実施することによるデータの確定、Project Feasibility Simulation Model（以下 PFSM）の計算実施により、医療経営サイドの経済性を分析し、加えて、投資評価の手法として、ARR（平均収益率法）、PAYBACK（債務償還期間法）、IRR（内部収益率法）、NPV（現在価値法）を駆使する。

　前述のとおり、統合医療センタープロジェクトの構築・建設に関し、モデルケースを想定し経済性を検証する。

　後述のフォーマットを活用した PFSM の計算実施により、医療経営サイドの経済性を分析、検証する。

　PFSM の計算は逐年主義モデルを前提としており、逐年計算方式の構成要素は、損益計算書、資金計画、貸借対照表である。表7－2のインプット表の左サイドがインプットデータで、右サイドがアウトプット計算結果である。

　PFSM 計算の重要なものは、金利の跳ね返り計算と税法上の腐れ（欠損金の繰り越し控除）計算である。表7－2～表7－8は PFSM 関連のものであ

表７－１　審査体系

	審査項目	サブテーマ・アジェンダ	審査目的	経営学・ビジネススクール分野
1	沿革、経営者、株式分析・評価	設立事情、経営環境変化と対応、経営力、筆頭株主等	経営力評価等	経営戦略論、財務戦略論、証券市場論など
2	事業概観分析・評価	企業の経営理念、企業倫理、主要・戦略製品、製品差別化、業界動向、シェア、業界保護制度、能力バランス、遊休設備、稼働率、Five Forces, SWOT など	製品力評価等	企業倫理、製品戦略論、ブランド戦略、設備投資戦略論、経営組織論、労務管理論、組織・人材育成マネジメント論など
3	生産、販売分析・評価	原材料手当、数量効果、価格効果、販売網、在庫水準等	販売力評価など	生産戦略論、販売戦略論、物流管理論、マーケティング（ブランド）など
4	損益、財政状態分析・評価	段階別損益、勘定科目分析など	収益力、財務体力評価等	財務管理・戦略論など
5	設備投資計画分析・評価	工事の適格性、公共性、立地条件、規模、生産能力、工事効果など	物理的工事遂行能力評価など	設備投資管理論、立地戦略論、経営戦略論、ビジネスプランなど
6	資金計画分析・評価	借入条件、財務体力への影響、予想バランスシート作成など	資金的工事遂行能力評価など	ファイナンス戦略論、ビジネスプランなど
7	収支予想策定・分析・評価	収益構造の把握、前提条件の的確性、実績との整合性など	結論の定量化、償還能力測定仮説の検証など	経営計画論、投資選択論、財務管理・戦略論、ビジネスプランなど
8	担保、保証人分析・評価	担保計算、担保評価、保証債務履行能力分析・評価など	債権保全など	財務諸表論など

⑴　審査体系のうち、1～4（実績分析・評価）＋5・6（変化対応、経営戦略）＝7（長期にわたる定量的結論）。加えて、8（債権保全）。
⑵　実績分析により、収支予想の前提条件、インプットデータの確定が可能。
⑶　アウトプットの評価については、単年度黒字転換時期、繰越欠損解消時期、債務償還完了年とベンチマーク方式。
⑷　同様に、ARR, P/B, IRR, NPV 活用。
⑸　投資選択ランキングは余裕金残高基準。
出典：拙著「ファイナンス応用」講義資料

る。ちなみに、表7―1は、データ確定のための審査体系である。

　逐年主義は、都市再開発ビルなどいわゆる箱物といわれるものの投資採算を計算するときに使われる手法である。設備投資が巨額になることが多く、そこでは、減価償却費と金利負担も大きくなるため、毎年の資金繰りを把握しておく必要がある。したがって、逐年計算方式の構成要素は、前述のごとく、損益計算書、資金計画、貸借対照表ということになる。本章ではモデルケースを前提に、逐年主義により、PFSM を計算する。モデル計算の前提は以下のとおりである。考え方は、シミュレーションにより長期平均的な収益力、財務体力を測定することである。

表7-2　インプット表

出典：拙著「ファイナンス応用」講義資料

① 　1年ごと（毎年）10％アップ─every year-10，11

　　　2年ごと10％アップ─every two years-10，10，11，11

　　　3年ごと10％アップ─every three years-10，10，10，11，11，11

② 　分割弁済＝分割均等弁済

③ 　残存率：モデルケースは10％（0％選択可能）

④ 　税法上の腐れ：モデルケースは5年ルール適用（現在は7年）

　　　赤字決算企業が、将来黒字転換した場合に、課税対象利益からこの赤字分だけ利益を圧縮できるもので、従来5年間有効であったものが、現在は7年間有効で、この期間を過ぎるとこの権利を失うので腐れと称している。

⑤ 　償却開始─費用収益対応の原則適用

⑥ 　維持起業費（減価償却費の30％）

⑦ 　計算年数─加重平均耐用年数

⑧ 　設備投資と償却対象資産（例：土地代は対象外）

⑨ 金利は期首期末平均残高ベース

⑩ 減価償却費：定額ベース

⑪ 期首資金不足、期末資金余剰ケースの金利計算も重要である。

⑫ 売上高構成が複雑な場合—前処理工程という触媒（反応促進剤）—合成売上高を算出し、P/F計算システムに載せればよい。

⑬ 運転借り入れ発生—短期借入金として負債計上—資金計画のB/S化

⑭ 金利バランス—短期、長期、期間のリスク、預金利息

⑮ 泥縄的計算と体系的計算（MBA）

⑯ モデルケースの模範解答は、跳ね返り後欄が該当。

⑰ 跳ね返り前（仮決算）と跳ね返り後（本決算）の相違は金利計算のみで前者は設備金利のみ、後者は運転金利、資金余剰金利を反映。税法上の腐れ処理は前者にも、後者にも適用され、これにより、内部留保が計算され、資金過不足を発見することが可能。

⑱ 資金過不足の発見は、コストパフォーマンスを考慮し、1回のみ（これをストップマークという）。ここにも情報の非対称性の軽減のスキルが存在する。そもそも、金利の跳ね返り計算を実施しなければ、資金不足の場合の支払利息、資金余剰の場合の受け取り利息を織り込んでいないことになり、情報の非対称性を構成することになり、ここは軽減手段として、跳ね返り計算は必須である。さらに、この跳ね返り計算において、1回ではなく、5回、資金不足、または、資金余剰の差額を決定してそこをミニマムに実施するという考えなどもあるが、いずれもコストパフォーマンスを前提にすると、1回が採択されよう。

⑲ 跳ね返り前は何故必要か—事前に確定可能な設備金利ベースの資金過不足を発見するため。

⑳ 繰り延べ資産—費用効果が将来にわたるもの。創立費、開業費、開発費、社債発行費、株式交付費

以上のうち、特に大事なことを再述すると、第一に、金利の跳ね返り前、跳ね返り後方式による情報の非対称性の軽減および金利の跳ね返り計算は、コスト・ベネフィットを考えて、1回だけでストップマークを発生させていること、第二に、税法上の腐れ制度設計の変更反映による情報の非対称性の軽減を実現していることである。

表7-3　プロジェクト・フィージビリティ

出典：拙著「ファイナンス応用」資料

表7-4 プロジェクト・フィージビリティ

	11		12		13		14		15		16		17		18		19		20	
【損益予想】																				
1 収入 計	2,462	2,465	2,462	2,467	2,462	2,465	2,709	2,710	2,709	2,709	2,709	2,709	2,709	2,709	2,709	2,709	2,709	2,709	2,709	2,709
2 営業収入		2,462		2,462		2,462		2,709		2,709		2,709		2,709		2,709		2,709		2,709
3 余剰金運用益	0	3	0	4	0	4	0	3	0	0	0	0	0	0	0	0	0	0	0	0
4 **支出 計**	2,306	2,308	2,344	2,344	2,385	2,385	2,374	2,374	2,362	2,382	2,349	2,350	2,337	2,340	2,325	2,329	2,313	2,317	2,301	2,306
5 人件費	880	880		924		870		1,018		1,018		1,018		1,018		1,018		1,018		1,018
6 管理費	446	446		448		448		459		459		459		459		459		459		459
7 賃借料	415	415		415		415		457		457		457		457		457		457		457
8 保険料	36	36		38		38		38		38		38		38		38		38		38
9 公租公課	40	40		40		40		40		40		40		40		40		40		40
10 その他費用	206	206		212		219		225		225		225		225		225		225		225
11 支払利息	71	71		95		95		63		53		80		41		49		27		10
12 減価償却費	120	120	162	162		162		63		53		53		53		38		27		15
13 税引き前損益	156	158	119	122	78	81	335	336	347	347	359	358	371	369	384	380	396	391	408	403
α (5年ルール適用)		8		122		81		336		347		358		369		380		391		403
14 法人税	78	78	59	61	39	40	167	168	174	174	180	179	184	184	192	190	196	196	204	201
15 税引き後損益	78	155	59	61	39	40	167	168	173	173	180	179	184	184	192	190	195	196	204	201
16 累積損益	-507	-382	-290	-290	-250	-250	-83	-82	92	92	271	271	456	455	647	645	843	841	1,045	1,042
【資金計画】																				
17 **資金需要 計**		259		259		259		259		259		259		259		259		259		259
18 設備投資		0		0		0		0		0		0		0		0		0		0
19 設備借入金返済		159		159		159		159		159		159		159		159		159		159
20 協力金返済		100		100		100		100		100		100		100		100		100		100
21 配当金		0		0		0		0		0		0		0		0		0		0
22 その他		0		0		0		0		0		0		0		0		0		0
23 **資金調達 計**	240	317	221	223	201	202	220	221	226	226	232	232	239	237	245	243	251	248	257	254
24 内部留保	240	317	221	223	201	202	220	221	226	226	232	232	239	237	245	243	251	248	257	254
25 増資		0		0		0		0		0		0		0		0		0		0
26 設備借入金		0		0		0		0		0		0		0		0		0		0
27 協力金		0		0		0		0		0		0		0		0		0		0
28 その他		0		0		0		0		0		0		0		0		0		0
29 資金過不足	-20	57	-39	-36	-59	-57	-39	-38	-33	-33	-27	-27	-21	-22	-15	-16	-9	-11	-2	-5
30 資金過不足累計	84	161	122	125	66	67	28	29	-4	-4	-31	-31	-52	-53	-67	-69	-78	-80	-82	-85
【残高】																				
31 設備借入金		1,486		1,327		1,168		1,008		849		690		531		372		213		53
32 運転借入金		0		0		0		0		0		30		31		52		53		65
33 協力金		900		800		700		600		500		400		300		200		100		0
34 余剰金	64	84	122	125	66	67														

出典：拙著「ファイナンス応用」資料

表7-5 プロジェクト・フィージビリティ

	21		22		23		24		25		26		27		28		29		30	
【損益予想】																				
1 収入 計	2,709	2,710	2,709	2,716	2,709	2,724	2,709	2,732	2,709	2,740	2,709	2,749	2,709	2,757	2,709	2,766	2,709	2,775	2,709	2,783
2 営業収入		2,709		2,709		2,709		2,709		2,709		2,709		2,709		2,709		2,709		2,709
3 余剰金運用益	0	2	0	8	0	16	0	24	0	32	0	40	0	49	0	57	0	66	0	75
4 **支出 計**	2,293	2,295	2,290	2,290	2,290	2,290	2,290	2,290	2,290	2,290	2,290	2,290	2,290	2,290	2,290	2,290	2,290	2,290	2,290	2,290
5 人件費		1,018		1,018		1,018		1,018		1,018		1,018		1,018		1,018		1,018		1,018
6 管理費		459		459		459		459		459		459		459		459		459		459
7 賃借料		457		457		457		457		457		457		457		457		457		457
8 保険料		38		38		38		38		38		38		38		38		38		38
9 公租公課		40		40		40		40		40		40		40		40		40		40
10 その他費用		225		225		225		225		225		225		225		225		225		225
11 支払利息	2	5	0	0	0	0	0	0	0	0	0	0	0	0	0	0	0	0	0	0
12 減価償却費		53		53		53		53		53		53		53		53		53		53
13 税引き前損益	416	415	418	426	418	434	418	442	418	450	418	458	418	467	418	475	418	484	418	493
α (5年ルール適用)		415		426		434		442		450		458		467		475		484		493
14 法人税	208	208	209	213	209	217	209	221	209	225	209	229	209	233	209	238	209	242	209	247
15 税引き後損益	208	208	209	213	209	217	209	221	209	225	209	229	209	233	209	238	209	242	209	247
16 累積損益	1,042	1,250	1,459	1,463	1,672	1,680	1,889	1,901	2,110	2,126	2,335	2,355	2,564	2,588	2,797	2,826	3,035	3,068	3,277	3,314
【資金計画】																				
17 **資金需要 計**		53		0		0		0		0		0		0		0		0		0
18 設備投資		0		0		0		0		0		0		0		0		0		0
19 設備借入金返済		53		0		0		0		0		0		0		0		0		0
20 協力金返済		0		0		0		0		0		0		0		0		0		0
21 配当金		0		0		0		0		0		0		0		0		0		0
22 その他		0		0		0		0		0		0		0		0		0		0
23 **資金調達 計**	261	261	262	266	262	270	262	274	262	278	262	282	262	286	262	291	262	295	262	299
24 内部留保	261	261	262	266	262	270	262	274	262	278	262	282	262	286	262	291	262	295	262	299
25 増資		0		0		0		0		0		0		0		0		0		0
26 設備借入金		0		0		0		0		0		0		0		0		0		0
27 協力金		0		0		0		0		0		0		0		0		0		0
28 その他		0		0		0		0		0		0		0		0		0		0
29 資金過不足	208	207	262	266	262	270	262	274	262	278	262	282	262	286	262	291	262	295	262	299
30 資金過不足累計	123	122	384	388	650	658	920	932	1,194	1,210	1,471	1,492	1,754	1,778	2,040	2,069	2,330	2,363	2,625	2,663
【残高】																				
31 設備借入金		0		0		0		0		0		0		0		0		0		0
32 運転借入金		0		0		0		0		0		0		0		0		0		0
33 協力金		0		0		0		0		0		0		0		0		0		0
34 余剰金	123	122	384	388	650	658	920	932	1,194	1,210	1,471	1,492	1,754	1,778	2,040	2,069	2,330	2,363	2,625	2,663

出典：拙著「ファイナンス応用」資料

表7-6　借入金表

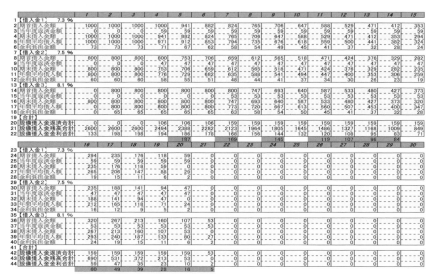

年次 1～15

		1	2	3	4	5	6	7	8	9	10	11	12	13	14	15
1	【借入金1】　7.3%															
2	期首借入金額	1000	1000	1000	1000	941	882	824	765	706	647	588	529	471	412	353
3	当年度返済金額	0	0	0	59	59	59	59	59	59	59	59	59	59	59	59
4	期末借入金額	1000	1000	1000	941	882	824	765	706	647	588	529	471	412	353	294
5	年間平均借入額	1000	1000	1000	971	912	853	794	735	676	618	559	500	441	382	324
6	金利負担金額	73	73	73	71	67	62	58	54	49	45	41	37	32	28	24
7	【借入金2】　7.5%															
8	期首借入金額	800	800	800	800	753	706	659	612	565	518	471	424	376	329	282
9	当年度返済金額	0	0	0	47	47	47	47	47	47	47	47	47	47	47	47
10	期末借入金額	800	800	800	753	706	659	612	565	518	471	424	376	329	282	235
11	年間平均借入額	800	800	800	776	729	682	635	588	541	494	447	400	353	306	259
12	金利負担金額	60	60	60	58	55	51	48	44	41	37	34	30	26	23	19
13	【借入金3】　8.1%															
14	期首借入金額	0	800	800	800	800	800	800	747	693	640	587	533	480	427	373
15	当年度返済金額	0	0	0	0	0	0	53	53	53	53	53	53	53	53	53
16	期末借入金額	0	800	800	800	800	800	747	693	640	587	533	480	427	373	320
17	年間平均借入額	0	800	800	800	800	800	773	720	667	613	560	507	453	400	347
18	金利負担金額	0	65	65	65	65	65	63	58	54	50	45	41	37	32	28
19																
20	設備借入金返済合計	0	0	0	106	106	106	159	159	159	159	159	159	159	159	159
21	設備借入金残高合計	2600	2600	2600	2494	2388	2282	2123	1964	1805	1645	1486	1327	1168	1009	849
22	設備借入金金利合計	133	198	198	194	186	178	168	156	144	132	120	108	95	83	71
								187		169		145		119	107	96	84

年次 16～30

		16	17	18	19	20	21	22	23	24	25	26	27	28	29	30
23	【借入金1】　7.3%															
24	期首借入金額	294	235	176	118	59	59	0	0	0	0	0	0	0	0	0
25	当年度返済金額	59	59	59	59	59	59	0	0	0	0	0	0	0	0	0
26	期末借入金額	235	176	118	59	0	0	0	0	0	0	0	0	0	0	0
27	年間平均借入額	265	206	147	88	29	0	0	0	0	0	0	0	0	0	0
28	金利負担金額	19	15	11	6	2	0	0	0	0	0	0	0	0	0	0
29	【借入金2】　7.5%															
30	期首借入金額	235	188	141	94	47	0	0	0	0	0	0	0	0	0	0
31	当年度返済金額	47	47	47	47	47	0	0	0	0	0	0	0	0	0	0
32	期末借入金額	188	141	94	47	0	0	0	0	0	0	0	0	0	0	0
33	年間平均借入額	212	165	118	71	24	0	0	0	0	0	0	0	0	0	0
34	金利負担金額	16	12	9	5	2	0	0	0	0	0	0	0	0	0	0
35	【借入金3】　8.1%															
36	期首借入金額	320	267	213	160	107	53	0	0	0	0	0	0	0	0	0
37	当年度返済金額	53	53	53	53	53	53	0	0	0	0	0	0	0	0	0
38	期末借入金額	267	213	160	107	53	0	0	0	0	0	0	0	0	0	0
39	年間平均借入額	293	240	187	133	80	27	0	0	0	0	0	0	0	0	0
40	金利負担金額	24	19	15	11	6	2	0	0	0	0	0	0	0	0	0
41	【合計】															
42	設備借入金返済合計	159	159	159	159	159	53	0	0	0	0	0	0	0	0	0
43	設備借入金残高合計	690	531	372	213	53	0	0	0	0	0	0	0	0	0	0
44	設備借入金金利合計	59	47	35	23	10	2	0	0	0	0	0	0	0	0	0
		80	49	39	28	16	5									

出典：拙著「ファイナンス応用」資料

表7-7　減価償却表

年次 1～15

		1	2	3	4	5	6	7	8	9	10	11	12	13	14	15
1	【設備1】【定額法】															
2	期首評価金額	2350	2350	2297	2244	2191	2139	2086	2033	1980	1927	1874	1821	1768	1716	1663
3	当年度償却金額	0	53	53	53	53	53	53	53	53	53	53	53	53	53	53
4	期末評価金額	2350	2297	2244	2191	2139	2086	2033	1980	1927	1874	1821	1768	1716	1663	1610
5	【設備2】【定額法】															
6	期首評価金額	1450	1450	1341	1233	1124	1015	906	798	689	580	471	363	254	145	145
7	当年度償却金額	0	109	109	109	109	109	109	109	109	109	109	109	109	0	0
8	期末評価金額	1450	1341	1233	1124	1015	906	798	689	580	471	363	254	145	145	145
9	【設備3】【定額法】															
10	期首評価金額	300	300	255	210	165	120	75	30	30	30	30	30	30	30	30
11	当年度償却金額	0	45	45	45	45	45	45	0	0	0	0	0	0	0	0
12	期末評価金額	300	255	210	165	120	75	30	30	30	30	30	30	30	30	30
13	【合計】															
14	償却金額合計	0	207	207	207	207	207	207	162	162	162	162	162	162	53	53

年次 16～30

		16	17	18	19	20	21	22	23	24	25	26	27	28	29	30
15	【設備1】【定額法】															
16	期首評価金額	1610	1557	1504	1451	1398	1345	1293	1240	1187	1134	1081	1028	975	922	870
17	当年度償却金額	53	53	53	53	53	53	53	53	53	53	53	53	53	53	53
18	期末評価金額	1557	1504	1451	1398	1345	1293	1240	1187	1134	1081	1028	975	922	870	817
19	【設備2】【定額法】															
20	期首評価金額	145	145	145	145	145	145	145	145	145	145	145	145	145	145	145
21	当年度償却金額	0	0	0	0	0	0	0	0	0	0	0	0	0	0	0
22	期末評価金額	145	145	145	145	145	145	145	145	145	145	145	145	145	145	145
23	【設備3】【定額法】															
24	期首評価金額	30	30	30	30	30	30	30	30	30	30	30	30	30	30	30
25	当年度償却金額	0	0	0	0	0	0	0	0	0	0	0	0	0	0	0
26	期末評価金額	30	30	30	30	30	30	30	30	30	30	30	30	30	30	30
27	【合計】															
28	償却金額合計	53	53	53	53	53	53	53	53	53	53	53	53	53	53	53

出典：拙著「ファイナンス応用」資料

表7−8　税引前損益5年ルール適用ワークテーブル

	1	2	3	4	5	6	7	8	9	10	11	12	13	14	15
税引前損益	-142	-72	-118	-147	-33	-61	-90	82	54	21	159	122	81	336	347
引当可能金額	-142	-72	-118	-147	-33	-61	-90								
引当一回目	0	0	0	0	0	0	0	0			8	122	81	336	347	358
引当残高1	-142	-72	-118	-147	-33	-61	-90	0	8	122	81	336	347	358
引当2回目	0	0	0	0	0	0	0	8	122	81	336	347	358	369
引当残高2	-142	-72	-118	-147	-33	-61	-90	8	122	81	336	347	358	369
引当3回目	0	0	0	0	0	0	0	122	81	336	347	358	380
引当残高3	-142	-72	-118	-147	-33	-61	-90	122	81	336	347	358	380
引当4回目	0	0	0	0	0	0	98	122	81	336	347	358	380	391
引当残高4	-142	-72	-118	-147	-33	-61	98	122	81	336	347	358	380	391
引当5回目	0	0	82	54	21	159	122	81	336	347	358	380	391	402
引当残高5	-142	-72	-36	-94	-12	98	122	81	336	347	358	380	391	402
5年ルール適用後税引前損	-142	-72	-118	-147	-33	-61	-90	0	0	0	8	122	81	336	347

	16	17	18	19	20	21	22	23	24	25	26	27	28	29	30
税引前損益	358	369	380	391	403	415	426	434	442	450	458	467	475	484	493
引当可能金額															
引当一回目	369	380	391	403	415	426	434	442	450	458	467	475	484	493	0
引当残高1	369	380	391	403	415	426	434	442	450	458	467	475	484	493	0
引当2回目	380	391	403	415	426	434	442	450	458	467	475	484	493	0
引当残高2	380	391	403	415	426	434	442	450	458	467	475	484	493	0
引当3回目	391	403	415	426	434	442	450	458	467	475	484	493	0
引当残高3	391	403	415	426	434	442	450	458	467	475	484	493	0
引当4回目	403	415	426	434	442	450	458	467	475	484	493	0
引当残高4	403	415	426	434	442	450	458	467	475	484	493	0
引当5回目	415	426	434	442	450	458	467	475	484	493	0
引当残高5	415	426	434	442	450	458	467	475	484	493	0
5年ルール適用後税引前損	358	369	380	391	403	415	426	434	442	450	458	467	475	484	493

出典：拙著「ファイナンス応用」資料

　こうして得られた経済性に関する計算結果は、自然体ケースが前提で、これに対し、強気ケース、弱気ケースを考えることが可能である。加えて、財務戦略ケース、ファイナンス戦略ケース、および、それぞれに、標準ケース、強気ケース、弱気ケースを織り込むと9ケースのシミュレーションが可能となり、これらのケースに関する投資選択の優先順位については、余裕金残高の大きい順を考えることにより、体系的な経済性検証が可能となる。

　プロジェクト・フィージビリティの結論は、以下のとおりである。(1)ストックベースで、累積欠損の転換を議論する。業界のベンチマークが12年の場合、13年目で累積欠損が解消すれば投資の意思決定をする。(2)フローベースで、赤字から黒字への転換時期を議論する。業界のベンチマークが7年の場合、8年目で赤字が解消すれば投資の意思決定をする。(3)借入金額のピーク時に関して、金融機関とのファイナンス調整が盤石であれば、投資の意思決定をする。

　ちなみに、投資評価の手法は以下の4方式が考えられる。

① 平均収益率法（ARR）：ARR（＞企業経営者の必要収益率－GO の意思決定）

　　　　　（＜企業経営者の必要収益率－STOP の意思決定）

② 債務償還年数法（PAYBACK）：PAYBACK（投資は全額借入前提、借入額÷投資フル稼働前提の利益）。PAYBACK ＜投資の耐用年数―GO の意思決定。PAYBACK ＞投資の耐用年数―STOP の意思決定。

③ 内部収益率法：IRR（＝0 の場合の r ：内部収益率）（ r ＞企業経営者の必要収益率―GO の意思決定。）（ r ＜企業経営者の必要収益率―STOP の意思決定。）

④ 現在価値法：NPV（企業経営者の必要収益率 k で割り引く）（NPV ＞0 または＝0 ―GO の意思決定。）（NPV ＜0 ―STOP の意思決定。）

⑶　技術的なファイナンス戦略選択

　前述の統合医療センター設備投資に際してファイナンスを検討するが、この際に、間接金融に、直接金融をも加えたファイナンス戦略を選択する。

　パターンとして以下の 5 タイプが考えられ、この際、PFSM 計算を実施し、統合医療経営サイドの経済性分析が重要となってくる（これまでのモデルケースは間接金融を前提としている）。

　ファイナンス戦略選択のパターンは以下のとおりである。

① 資金繰り重視―直接金融選択（間接金融では据え置き後元本償還開始―償還財源手当ての発生）

② 金利負担軽減重視、収益力重視―間接金融選択（直接金融では満期まで元本同額―金利負担高止まり）

③ 余裕金残高重視―直接金融選択（間接金融では元本償還分だけ余裕金残高減額）

④ 財務体力重視―間接金融選択（直接金融では満期償還まで負債同額）

⑤　税務対策（支払利息重視）─直接金融選択（支払利息が多いままで、課税
　　対象利益が減少─節税）

5．統合医療ファイナンス戦略

　筆者は、ファイナンスをプロジェクト意思決定のラストリゾートと考えてお
り、ここではこのファイナンス戦略について論じる。

⑴　ファイナンスにより、金融仲介機能が発揮され、このプロセスで、情報生
　　産機能が発揮される。

　しかし、いわゆるレモンの理論により、情報の非対称性が発生し、したがっ
て、審査分析を十分に実施し、情報の非対称性を軽減することが重要である。
この情報の非対称性の軽減のためには、審査コストも莫大で、したがって、コ
スト重視の民間金融よりも、政策金融に期待されることが多い。

　Stiglitz（1994）は、政策金融を重視し、政策金融実施の際の審査分析にそ
の役割を期待している。政策金融の審査結果が、民間金融に対してカウベル効
果を発揮することになる。

⑵　内在的価値として、ファイナンスの際の審査分析が、情報の非対称性軽減
　　に有効である。同時に、外在的価値として、統合医療に関する情報の非対称
　　性の軽減に加えて、統合医療経営サポートのために、期間補完機能、収益補
　　完機能などを駆使した政策科目の制度を構築するとよい。

⑶　金融負担の軽減を図り、統合医療前提の国民医療費の負担削減などによ
　　り、統合医療経営の収益性の向上が期待される。

6．医療・介護ハイブリッド型統合医療

　筆者は統合医療に関する議論が百家争鳴と述べてきたが、ここに最新情報を
述べる。

⑴　**日本介護事業連合会（介護経団連）設立**

　介護産業での最近の動きとして、日本介護事業連合会に関して、2015年1月13日に設立総会が行われた。以下はその内容である。

　役員は以下のとおりである。会長－愛知和男、最高顧問－石原信雄など著名人、実務家を集結している。

　設立趣意書は以下のとおりである。①活動理念：介護人材の処遇改善、地位向上、介護事業を成長産業にすること、持続可能な介護保険制度、介護難民（離職者）対策、日本の介護産業の海外輸出。②設立趣旨：介護産業市場規模は年17兆円であるのに対して給付額は10兆円で7兆円不足していること（団塊世代、後期高齢者＝2025年問題では、21兆円にもなる）。③課題：介護保険財政を持続可能なものにする。加えて、人材確保（現在150万人—2025年に255万人）が重要である。介護産業は介護事業者、介護福祉士、介護支援専門員など機能別に細分化された運動体である。これを統一的なワン・ボイスに形成し、政党、行政に働きかけるとしている。

　以上要するに、介護産業に属する個別の企業を集約して、企業の経団連のように、介護経団連を結成し、介護関連の諸問題を解決していこうとするものである。

　以上が、介護産業でのマクロの動きとすれば、介護産業でのミクロの動きは以下のとおりである。

⑵　**東日本大震災と臨床宗教師**

　東日本大震災を契機に、臨床宗教師の養成が始まった。臨床宗教師は、こころのケアを行い、対象は、当初は被災者、さらに、終末期患者、要介護者と拡大してきている。海外ではチャプレンと呼ばれる存在で、医療や介護の分野で重要な役割を果たしてきている。2012年4月に東北大学大学院に講座が設けられ、2016年2月には、「日本臨床宗教師会」が設立され、2017年2月、一般社

団法人日本臨床宗教師会が設立され（東北大学大学院文学研究科実践宗教学講座内）、2018年3月、一般社団法人日本臨床宗教師会による「認定臨床宗教師」の資格認定がスタートした。宗教的には中立で、被災者、終末期患者、要介護者の悩みに寄り添い、ケアを施すものである。

(3) 介護・在宅医療のための知見

① 自宅で終末期医療を実施する場合、診療報酬視点、患者選択視点が重要である。

② Quality of Life のみならず、Quality of Death および End of Life Care が重要である。

③ 医療・介護は、多くの他職種の連携によって初めて実現する総合的産業である。

④ 自助、共助、公助、離職予防、介護難民予防が重要である。

⑤ ミルトン・フリードマンのマトリックスを財の分類に応用すると、公共財インフラ、市場財ビジネス、激変緩和措置としてのレントシーキング、ドネーションに分類されるが、これらのうち、インフラに分類される公共財である。

⑥ 担当は、厚労省、経産省の連携が重要であるが、近年、ビジネスとしての要素が強くなり経産省主導である。

⑦ ソリダリティ（solidarity）、寄り添う（傾聴し受容する）、Spiritual Care、Living Will といったコンセプトが重要である。

⑧ 欧米病院ではチャプレンというが、ドイツでは神父の役割が大である。

⑨ ドゥーラは産前産後の女性支援をさすが、これを臨終ドゥーラ、終末ドゥーラ、緩和ドゥーラと応用しその範囲が広がっている。ここでは、出生と逝去を同一次元と考える。

⑩ グリーフ（悲嘆）ケア（訪問看護アフターケア）、レジリエンス（看取っ

た後の回復）が重要である。

⑪　臨床宗教師（東日本大震災―東北大学、高野山大学）、尊厳死、自然死の
　　重要性がいわれている。

(4)　医療・介護ハイブリッド型統合医療

①　医療・介護の連携、相互作用が重要である。

②　地域医療、地域包括ケアシステムの制度設計と構築：各病院に地域連携室
　　があり、地域のネットワーク形成に尽力している。

③　ケアマネジャーの育成、実地経験、実績の積み重ね、事例発表、ケース研
　　究がきわめて重要で、これらを集大成して、これらに通底する一般論を仮
　　説として検証し一般理論を構築していく作業が必要である。そして、こう
　　した分野は発展途上で、これからの課題である。そこで、筆者は、医療・
　　介護ハイブリッド型統合医療の必要性を提唱するものであり、その課題解
　　決は、この東北の地においてこそ優先順位は高いものであろう。

7．結論

　震災後再生と発展の重要な諸課題のうち、本章においては、震災後のこころ
のケアを中心としたハイブリッド型統合医療センタープロジェクトの内容及び
経済性検証の手法を検討してきた。

　東日本大震災を契機に、東北大学大学院に臨床宗教師コースが設置認可され
たこともあり、医療・介護ハイブリッド型統合医療推進のメッカとなることも
期待される。そこで、東北地方の課題として、例えば、東北ハイブリッド型統
合医療学院（仮称）を設立し、具体的な実施機関として、ハイブリッド型統合
医療コーディネーターを育成する東北ハイブリッド型統合医療センター（仮
称）を設置することも考えられる。

　ちなみに、統合医療に関する議論は前述のように百家争鳴である。

統合医療の定義を、西洋医学をベースとして東洋医学を織り込んだ医学だけでなく、食、心で構成するものとし、これらの三位一体により、QOL、健康長寿を実現し、ひいては、統合医療経営の効率化により、医療費の削減を可能とする医療とする。西洋医学は、治療分野において多大な貢献をしてきており、今後も貢献していくことが期待されている。しかし、日本の医療費が、国家予算の半分に相当するという危機的状況では、健康産業として、健康長寿を実現する、QOLを実現するためのコストに留意する必要がある。コストのウエイトを分散させることによる費用圧縮が肝要で、西洋医学だけではなく、東洋医学、食養学、心理学にまで、広く、あまねく、医、食、心による健康長寿の実現ということで、分野とコストを分散させ、予防、未病の状態を作り、医療費の削減をすることが重要である。加えて、医療費は、医療産業が、資本集約的・労働集約的であることから高騰しており、統合医療は、医（体）に偏在している医療コスト（手術費用、薬剤費）を食養生（未病）や、心の治癒に分散することにより、医療費を削減し、国家予算のスリム化に貢献可能といったミッションを有する。しかし、統合医療に関する議論は百家争鳴なので、公的な評価機関を設立することが望ましい。

　医療（統合医療）経営戦略としては、ファイナンスに際し、前提となる審査分析、および、PFSM計算実施による、企業収益、企業価値向上可能な制度設計を実現すること、ならびに、政策科目企画立案も重要である。つまり、ファイナンスにおける審査機能は、情報の非対称性の軽減という内在的価値、内部経済効果を有すると同時に、政策金融制度設計という外部経済効果により、人々のQOLを実現するとともに、統合医療経営の収益性向上に役立つ。さらに、前述の統合医療センターを建設し、その際、プロジェクト・フィージビリティを検証することが、統合医療経営の収益性の向上に貢献することを可能とする。そして、介護の分野でも2025年問題など課題山積で、医療・介護のシームレスな連携、すなわち、医療・介護ハイブリッド型統合医療を構築して

いくことが必要である。

　以上すべてに共通する課題は、人材育成、人材確保である。医療、介護人材
の育成、確保はもちろんであるが、ファイナンスはラストリゾートであるとい
うのが筆者の持論で、審査分析、PFSM のオペレーション、ファイナンス戦
略に通暁している人材の育成、確保が必須である。

＜参考文献＞

Stiglitz J. E., *The Role of the State in Financial Markets*, The World Bank, 1994年。

亀谷祥治「日本経済とファイナンス戦略—日本経済の現局面（東日本大震災）と政策金融
　　ファイナンスの対応—」、リサーチ・サークル・セミナー、2011年7月。

亀谷祥治「ファイナンスにおける「ハイブリッド型統合医療センタープロジェクトの経済性
　　検証」に関する研究」、日本医療経営学会、2016年11月。

亀谷祥治「ケースで学ぶ経営計画策定とファイナンス戦略」日刊工業新聞社、2007年8月。

第8章

住宅の耐震化に向けた補助金
―耐震化への消費者の支払意思額の分析―

1．はじめに

　地震や台風などによる大きな災害は、時として大切な人の命を奪い、被災者の生活環境を長期にわたって変えてしまうことも多い。

　最大震度7の東日本大震災では、121,995戸の住宅が全壊し、282,939戸の住宅が半壊して、19,689人という多くの尊い命が失われ、2,563人の行方不明者が出た（消防庁災害対策本部（2019））。日本は世界有数の地震多発国であり、住宅を耐震化して地震リスクを減らし、人身損失を避ける必要がある。また、住宅についての物的損失を避けることが、その所有者にとって重要である[1]。さらに、住宅が耐震化されていないことは、倒壊した住宅が地震による火災の消火を妨げるといった外部不経済をもたらしている。したがって、住宅の耐震化が必要である。住宅が耐震化されていないことで外部不経済が存在することに加えて、住宅の耐震化は人命にかかわることでもあるので、これを促進するためには政策による支援が必須である。

　本章では、耐震化という質で賃貸住宅が差別化された独占的競争市場を扱う。賃貸住宅を供給する企業は、耐震化を行って正の収益が得られるときに、この新しい質をもった賃貸住宅の市場に参入する。

　ちなみに、外部不経済とは、市場を通じないで、ある経済主体が他の経済主体に悪い影響を与えることであり、ここでいう外部不経済は、住宅が耐震化さ

れていないことが大震災の際の初期消火を妨げ、出火率を上げることである（国土交通省（2000））。外部不経済が存在するときには、市場の均衡は最適ではなく、それが民間部門だけで解決できる程度に局所的でない場合には、政策の介入が必要になる。また、補助金については、地方自治体の予算の編成において、住宅の耐震化に向けた補助金の増額には制度上のバリア等が存在することもあるが、人命が何よりも尊重されるべきであることは言うまでもない。

　住宅の耐震性能が不足している住宅は20.9％も存在し、これを補う耐震改修工事実施率は3.5％とすすんでいない（佐藤（2011））。よって、本章では、住宅の耐震化がどのように消費者に評価されているのか、企業にとって住宅の耐震化は収益的であるのかを探り、そのうえで、一般的に、どのように自治体の補助金で住宅の耐震改修工事を促進すればよいかを考察したい。

　本章の中心テーマは、共同住宅の耐震化である。その理由は、第一に、後で示すように、共同住宅の耐震改修への補助を行っている地方自治体の比率が3割にもみたないということがある。第二に、耐震化されていない共同住宅の比率は、木造の住宅で17.01％、非木造の住宅で22.26％であること（総務省統計局（2017）から筆者が計算）、すなわち、耐震化がなされていない共同住宅が相当数存在することである。第三に、共同住宅は、一戸建てと比べて同質的であり、本章の分析の結果がより正確に出ることがある。

　また、共同住宅のうち、賃貸住宅を扱うが、その理由としては、第一に、住宅を賃貸する企業[2]であれば、コストを上回る収益を稼ぐことができれば、一般的には、住宅の耐震化を実行すると考えられる。したがって、収益とコストの差を補助金で埋められれば耐震化を促進することができる。他方で、個人が所有して自分が居住する住宅であれば、その住宅を耐震化する意思をまず個人が持っているかどうか、さらに、その個人が耐震化に関連するさまざまな事柄を処理する時間を持ち合わせているかどうか、耐震化工事の情報と業者を知っているかなどというように、金銭的な問題以外にも、いくつかの条件が重なら

ないと耐震改修工事が行われない。第二に、住宅が耐震化されていないこと
は、第4節に示すように外部不経済をもたらすが、この解決に、企業の力を生
かしていくことの方が効率的である。よって、企業が運営する賃貸住宅を分析
の対象としている。

一方、賃貸住宅の耐震化工事の実施が進んでいない状況をみると、住宅を供
給している企業にとって、住宅の耐震化は、金銭的に「割りに合わない」こと
が推察できる。この視点から、共同住宅の耐震化に対する消費者の支払意思額
を測定し、かつ、共同住宅を賃貸している企業が追加的に耐震化することにど
れだけ収益性があるのか判定する手法を提供したい。さらに住宅の耐震化の補
助金の必要性を判定し、必要な額を算定する方式についても提案したい（東京
都と宮城県でこれらの手法を適用する）。すなわち、経済学の立場から、企業
や消費者、政府の補助金それぞれの金銭的な面について注目してみたい。

具体的には、第2節で説明する仮想市場法に基づいて、賃貸住宅を賃貸して
いる企業が住宅の耐震化工事を行った場合にどれだけ賃料を追加的に多く消費
者が支払うのかを測定する。そして、その結果を用いて、第2節で説明する
DCF法により、賃貸物件を貸し出す企業にとって住宅の耐震化工事が収益的
であるのかどうかを、耐震化工事の正味現在価値から判定する。さらに、企業
にとって住宅の耐震化工事が収益的でなく、補助金が耐震化工事の促進に必要
であれば、どれだけの補助金が必要なのかを、同じく、正味現在価値から計算
する方法を提供し、実際に、東京都と宮城県の共同住宅について、必要な補助
金の額を算出する。

準備として、本章の分析に必要なDCF法と仮想評価市場法について、詳細
に解説する。DCF法は、投資を行うかどうかの判断基準を示す方法であり、
仮想市場法は、市場がない財・サービス・設備投資について、消費者の評価を
調べる方法である。いずれも、きわめて実用的な手法である。

既存研究をみてみると、Alonzo（2002）は、マドリッドとバルセロナで、

住宅のバリアフリー化への消費者の支払意思額を仮想市場法で計測した。佐藤・近藤・渡辺（2005）は、徳島県で、住宅のバリアフリー化に対する住民の支払意思額を同じく仮想市場法で調査し、その結果から、バリアフリー化への需要関数を導出した研究である。

　山鹿・中川・齊藤（2002）は、住宅の耐震化に関する先駆的な業績である。その内容は、東京都で、新耐震の賃貸住宅が旧耐震の賃貸住宅に比べてどれだけ家賃が高いかをヘドニック価格関数を計測することで実証し、さらに、家主による耐震化投資が収益的であるかどうかを調べた研究である。本研究が山鹿・中川・齊藤（2002）と異なる点は、第一に、新耐震の住宅であっても震度7の地震であれば倒壊することもあるという点を踏まえて、新耐震の住宅であることを耐震化の目安としていないことである。第二に、本研究では、東京都に加えて東日本大震災の被災地である宮城県も調査の対象としている。第三に、山鹿・中川・齊藤（2002）では、耐震化工事を施すことによる家賃の値上げ率をヘドニック価格関数を計測することで求めている。本研究では、賃貸住宅が震度7の地震に備えて耐震化されているかどうかを示すデータが存在しないため、仮想市場法によって耐震化工事による家賃の上昇額を出している。第四に、本研究では住宅の耐震化に対する補助金の額を計算し、かつ、この補助金を設計する方法を提案していることである。

　佐藤・玉村（2006）は、仮想市場法による住宅の耐震化の消費者による評価を、主に戸建て持家を対象として分析している。

　以上から、賃貸の共同住宅の耐震化工事への消費者の支払意思額を仮想市場法で計測し、企業による震度7の地震に耐える住宅の耐震化工事の収益性を、東京都だけでなく、被災地の県でも調査し、さらに、補助金の額の水準と補助金の額の設定方法の提案を行った点では、本研究が初めての試みであろう。

　以下、第2節では、本章で採用した分析の手法とデータの説明を行い、その結果と解釈を第3節で示す。さらに第4節では、第3節で得た結果に基づき、

補助金の額と補助金の設計の方法の提示を行い、第5節では結論を述べる。

2. 分析の手法とデータ

(1) DCF法

　本章では、賃貸住宅に耐震化工事を行うという設備投資の投資基準として、DCF法（Discounted Cash Flow法）を採用する。DCF法は、民間不動産に関する投資におけるもっとも一般的な分析手法として、国際的にスタンダードな手法となっているからである（井上（2001））。

　DCF法とは、割引現在価値をもとに投資の評価を行う手法であり、DCFとは、将来のお金の流れ（キャッシュ・フロー）、具体的には収益を割引計算によって現在価値にすることを指す。

　DCF法では、まず、投資によって実際に将来生じるお金の流れを割引率で割り引いて、現在の価値になおした割引現在価値を計算する。次に、割引現在価値と投資のコストの差である正味現在価値を算出する。そして、DCF法によると、正味現在価値が正である投資は、実行する価値がある。

　DCF法は、賃貸マンションを購入するかどうかの判断や、賃貸住宅を建設するかどうかといった評価、テナントに貸すビルの収益性をみるときなどのケースや、さらには、ショッピングセンターの建設のプロジェクトの採算性を判定するときのケースにも活用できる手法である。

　賃貸住宅に施す耐震化工事について、DCF法を適用すると、次のようになる。「（賃貸住宅の収益である）賃料が耐震化工事によって増加する金額」の将来のフローの割引現在価値と耐震化工事のコストの差である正味現在価値（NPV）が正であれば、賃貸住宅への耐震化工事は得であり、負であれば損である。以下、この得であるケースを「住宅への耐震化工事が収益的である」場合とし、損であるケースを「住宅への耐震化工事が収益的でない」場合とする。

数式で表すと、次のとおりである。賃貸住宅を貸している企業が賃貸住宅に耐震化工事を追加的に施すとする。この工事による毎年の賃料の増加がX円のとき、その割引現在価値Qは、割引率（金利）をr％、当該住宅の残存耐用年数をnとすると、

$$Q = X円 \div (1 + r) + X円 \div (1 + r)^2 + \cdots + X円 \div (1 + r)^n \qquad (1)$$

である。

(1)式の基礎となる考え方は、次のとおりである。現在の1円は、1年後には金利を付けて $1 + r$ 円であり、したがって、1年後の1円は現在の $1円 \div (1 + r)$ である。よって、1年後に得られる賃料の増加X円の現在の価値は $X円 \div (1 + r)$ である。同様にして、現在の1円は、2年後には、$(1 + r)^2$ 円であるので、2年後のX円の現在の価値は $X円 \div (1 + r)^2$ である。これをn年後まで続ける。n年後までの、将来の賃料の増加の現在の価値は、これらを加算して、(1)式で示すことができる。

正味現在価値は将来の賃料の増加の割引現在価値とコストの差であるため、この住宅への耐震化工事の正味現在価値は、住宅への耐震化工事のコストをCとすると、

$$NPV = X円 \div (1 + r) + X円 \div (1 + r)^2 + \cdots + X円 \div (1 + r)^n - C \quad (2)$$

である。

賃貸住宅の市場が独占的競争市場であると仮定する。賃貸住宅を経営している企業は、このNPVが正であるとき、すなわち、耐震化工事を行うと収益の面から得であるとき、賃貸住宅に耐震化工事を行い、耐震化された賃貸住宅の市場に参入する。ただし、本章では、各期のXは将来にわたって変化しないとする。

(2)　仮想市場法

賃貸住宅を貸す企業が現在貸している共同住宅に耐震化工事を行う場合に、

消費者がいくらなら賃料を追加で支払うか、すなわち、正味現在価値の計算式である(2)式のXを推計するために、本章では、仮想市場法を採用する。

仮想市場法（CVM：Contingent Valuation Method）とは、市場がないものに対して、回答者にその内容を説明したうえで、その水準を向上させるのに対して支払ってもよいと考える金額、つまり、支払意思額を問い、それを基に、その市場がないものの貨幣価値を評価する手法である（肥田野（1999）、栗山（1998））。支払意思額は、一般的にはアンケート調査などで回答者に質問する。

仮想市場法の適用例として、次のようなものがある。第一に、公共事業による便益を、便益を享受する住民に答えてもらう現実的な手法として、使われる。例えば、堤防による治水の評価を住民に問うことができる（井堀（2005））。第二に、オフィスビルの空調サービスによって環境が変化することによる価値を、アンケート調査で調査した木下・宮坂・金尾（2006）がある。第三に、生態系という環境の貨幣価値を、直接市民に尋ねた栗山（1998）がある。

Alonzo（2002）は、この仮想市場法を住宅のバリアフリー化に適用した。その理由は、市場が存在するには、消費者が需要する量と価格があることが条件であるが、バリアフリー化されていない住宅に比べてバリアフリー化された住宅に消費者がどれだけ多くの支払いをするかという住宅のバリアフリー化の価格を我々は観察できないため、バリアフリー化には市場がないからである。

賃貸住宅の耐震化もこれと同様であり、賃貸住宅のチラシや広告に、耐震化の有無が記載さえされていないことがほとんどである。よって、耐震化された賃貸住宅と耐震化されていない賃貸住宅の価格（賃貸住宅の場合は、賃料）の差、すなわち、耐震化工事の価格は、消費者には不明である。賃貸住宅の一部としての耐震化は消費者からみて価格がなく、市場がないのである。価格にはものやサービスの評価という面があるが、賃貸する企業にとっても、住宅の耐震化の価格、すなわち、耐震化によってどれだけ賃料が上がるかという耐震化工事への評価はわからない。したがって、賃貸住宅の耐震化には市場がなく、

消費者による評価の推計に仮想市場法を適用するのが適切である。

(3) 推計の手続き

　本研究では、東京都と東日本大震災で震度が7であった地域を含む宮城県の共同住宅について、仮想市場法で(2)式のXを求める。具体的には、次の(4)で後述するアンケート調査で消費者に耐震化工事への支払意思額を問う。さらに、DCF法で耐震化工事の将来の賃料の増加の正味現在価値を求める。正味現在価値が正であれば、企業は賃貸住宅に耐震化を実施し、耐震化という質を持つ住宅市場へ参入するが、そうでなければ、企業が耐震化工事の実施に動くためには補助金が必要である。この考え方から、補助金の額は、最低限、正味現在価値の額が負である場合、その絶対値となる。

(4) 住宅の耐震化に関するアンケート調査
① 実施日と調査の対象

　住宅の耐震化に関するアンケートの調査日は、2017年2月3日～7日である。アンケートの対象者としたのは、東京都と宮城県の賃貸の共同住宅（マンションやアパート）に住む戸主、またはその妻である。かつ、それぞれ東京駅、仙台駅から通勤時間が1時間半以内に住む人とした[3]。また、回答者の年齢を個人による収入があると考えられる20～70代[4]の人に限定した。これは、調査の設問で回答者の金銭による支払いを想定しているためである。

　調査は、調査会社[5]を介して、インターネットを利用して実施した。インターネットによるアンケート調査には、70歳以上の回答者を集めにくいという欠点があるという指摘があるが、今回の調査では、70歳以上の回答者も確保できた。調査会社からの依頼に対して、アンケートに回答することに同意した人の中から、年齢、居住区域、賃貸の共同住宅に住んでいるかどうかという3つの条件をみたしている人にアンケートの対象者を絞り込んだ。これらの条件を

図8−1　回答者の年齢

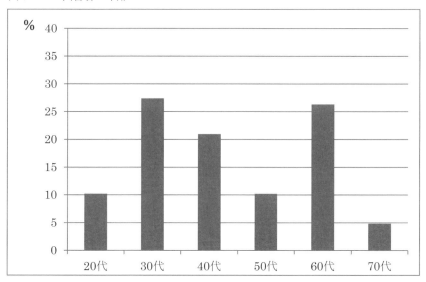

図8−2　回答者の世帯年収

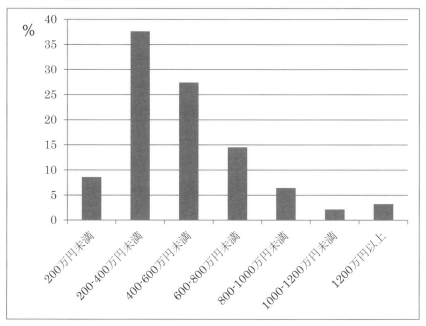

みたした回答者の数は、東京都で100、宮城県で86、全体で186である。

② 調査の内容

　調査の内容は、まず、回答者の属性として、年齢、性別、現在居住している住宅のタイプ（賃貸住宅か持ち家か、木造の共同住宅か、木造以外の共同住宅か、一戸建てかなど）、居住地、世帯年収、過去10年以内に震度6以上の地震にあった経験の有無を質問した。

　次いで、回答者の意識をみる設問として、「共同住宅に震度7に住宅が耐える耐震化工事は必要だと思いますか」と尋ねた。さらに、賃貸の共同住宅の耐震化工事への支払意思額を質問した。

③ 回答者の属性

　回答者の性別は男性が50.54％、女性が49.46％であり、年齢は30代がもっとも多く27.42％であり、次いで60代が26.34％となっている（図8−1）。世帯年収は、200〜400万円がもっとも多く37.63％であり、次に400〜600万円が27.42％となっている（図8−2）。回答者のうち、過去10年以内に震度6以上の地震にあった経験がある人は、50％である。

④ 支払意思額の設問の文の設定とその理由

　住宅の耐震化に関するアンケート調査のうち、共同住宅の耐震化工事に対する支払意思額についての設問は、図8−3のように、4種類を作成した。東京都に在住の回答者には木造住宅についての質問1と非木造住宅についての質問2を、宮城県に在住の回答者には木造住宅についての質問3と非木造住宅についての質問4を尋ねた。金額の回答は、0円、1円〜500円未満、500円〜1,000円未満、1,000円〜1,500円未満、1,500円〜2,000円未満、2,000円〜2,500円未満、2,500円〜3,000円未満、3,000円〜3,500円未満、3,500円〜4,000円未満、4,000円〜4,500円未満、4,500円〜5,000円未満、5,000円〜5,500円未満、5,500円〜6,000円未満、6,000円〜6,500円未満、6,500円〜7,000円未満、7,000円〜7,500円未満、7,500円〜8,000円未満、8,000円〜8,500円未満、8,500円〜9,000

円未満、9,000円～9,500円未満、9,500円～10,000円未満、10,000円以上を用意し、回答者に1つ選択肢を選んでもらった。また、本調査で、選択肢の金額の範囲を500円で区切った理由は、次のとおりである。回答者に尋ねているのは、耐震化工事を共同住宅に施した場合に追加で支払ってもよい家賃の金額である。通常、消費者は万円か千円単位で家賃を考えるため、選択肢の金額については、十分狭い範囲である500円で区切った。

　図8－3の設問に対する回答の平均値をXとする。そして、この耐震化工事への支払意思額の平均であるXを用いて、(2)式で共同住宅の耐震化工事の正味現在価値（NPV）を計算する。

　図8－3の質問1～質問4の文の中の面積、築年数、通勤時間は、総務省（2017）から、それぞれ東京都、宮城県の木造および非木造の民営の借家の共同住宅の平均値をとった。同じく文中の賃料には、総務省（2017）の（東京都、宮城県の木造および非木造の）民営の借家の共同住宅の「1ケ月あたりの家賃」のデータを利用した[6]。

　住宅が耐震化されたかどうかを、旧耐震と比べて新耐震の住宅であるかどうかで判断する場合がよく見られる。しかし、本研究では、住宅の耐震化の定義として、「震度7に住宅が耐える耐震化」を採用した。したがって、アンケート調査のうち耐震化工事に対する支払意思額についての設問で、「震度7に住宅が耐える耐震化工事」に対する賃料の支払意思額を聞いた。これは、新耐震の住宅は震度6強の地震に対応するのみであり、耐震化の程度として十分ではないためである。例えば、震度7の阪神・淡路大震災のときには、新耐震の建物でも8.6％が大破ないし倒壊し、16.7％が中破ないし小破した（ヨシザワ建築構造設計（2013））。よって、耐震化の目安として、最高の震度階級である震度7に住宅が耐える耐震化とした。

　図8－3にみるように、質問1～質問4の各質問は、それぞれ、共同住宅であること、木造か非木造か、面積、築年数、都心からの通勤時間といった支払

意思額を尋ねる住宅の質を設定した[7]。これは、アンケートの回答者に、対象
とする住宅の具体的なイメージを持ってもらうためでもあり、仮想市場法はあ

図8－3　住宅の耐震化の価値に関する質問

（質問1：東京都の人への木造住宅の耐震化についての質問）

　あなたは、震度7に住宅が耐える耐震化工事を行った木造の共同住宅（マン
ションかアパート）の場合、プラスして月々いくらまでなら家賃を多く支払っ
てもいいですか。この共同住宅は、面積27平方メートルで賃貸料が63,000円の
築年数23年で東京駅までの時間が39分のマンションであるとします（ひとつだ
け）

（質問2：東京都の人への非木造住宅の耐震化についての質問）

　あなたは、震度7に住宅が耐える耐震化工事を行った非木造（鉄筋・鉄骨コ
ンクリート造や鉄骨造など）の共同住宅（マンションかアパート）の場合、プ
ラスして月々いくらまでなら家賃を多く支払ってもいいですか。この共同住宅
は、面積37平方メートルで賃貸料が90,000円の築年数18年で東京駅までの時間
が39分のマンションであるとします（ひとつだけ）

（質問3：宮城県の人への木造住宅の耐震化についての質問）

　あなたは、震度7に住宅が耐える耐震化工事を行った木造の共同住宅（マン
ションかアパート）の場合、プラスして月々いくらまでなら家賃を多く支払っ
てもいいですか。この共同住宅は、面積35平方メートルで賃貸料が46,000円の
築年数17年で仙台駅までの時間が24分のマンションであるとします（ひとつだ
け）

（質問4：宮城県の人への非木造住宅の耐震化についての質問）

　あなたは、震度7に住宅が耐える耐震化工事を行った非木造（鉄筋・鉄骨コ
ンクリート造や鉄骨造など）の共同住宅（マンションかアパート）の場合、プ
ラスして月々いくらまでなら家賃を多く支払ってもいいですか。この共同住宅
は、面積39平方メートルで賃貸料が55,000円の築年数17年で仙台駅までの時間
が24分のマンションであるとします（ひとつだけ）

る質の財やサービスについて支払意思額を消費者に問う手法であるためである。また、例えば、共同住宅と一戸建ての住宅、木造と非木造の住宅すべてが含まれる「耐震化工事を行った住宅の場合、」という一般的な語句に設問の語句を変えたとすると、支払意思額の回答には大きな幅が生じかねない。

(5) データ

本章では、(2)式を計算することで、賃貸住宅の耐震化工事が収益的であるかどうかを判定したのであるが、その際、割引率として、10年もの国債の実質金利[8]を採用した。

(2)式を計算するには、住宅の寿命のデータが必要である。住宅の寿命は、32.2年とした（国土交通省（1996））。耐震化工事による将来の賃料の増加分を割り引く期間、すなわち、残存耐用年数 n は、この住宅の寿命から住宅の平均築年数を引いた年数とした。なぜなら、将来賃料をこの賃貸住宅で得ることができる期間（すなわち、現在賃貸住宅が使われている場合の実質的な耐用年数）は、住宅の寿命から現在の築年数を引いたものだからである。この期間を、東京都、宮城県の木造と非木造の共同住宅について、それぞれ求めた。

住宅の耐震化のコストは、地震対策の総合情報サイトである耐震ネット（2017）のデータから平均値を計算し、1平方メートルあたり5万円とした[9]。東京都、宮城県の共同住宅について、それぞれ、面積の平均値にこの値を掛け合わせて共同住宅を耐震化するコストを求めた。

これらと上述の住宅の耐震化に関するアンケート調査によって得られた共同住宅の耐震化への支払意思額 X や正味現在価値 NPV をデータとする。

3．分析の結果

(1) 住宅の耐震化に関する意識

まず、最初に住宅の耐震化に関するアンケート調査のうち、住宅の耐震化の必要性について、どのように人々が考えているかを調査した結果を図8－4で

図8－4　住宅に耐震化工事は必要か

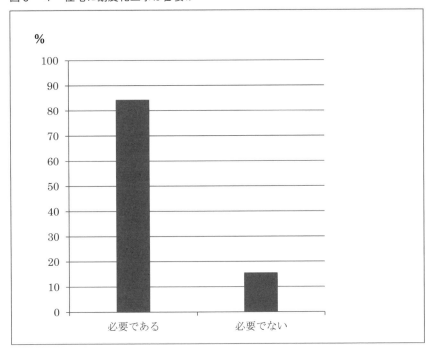

示す。

　図8－4によると、84.41％もの人が、共同住宅が震度7に耐える耐震化工事が必要であると答えており、人々に共同住宅の耐震化工事の必要性が強く認識されていることがわかった。

(2)　住宅の耐震化工事の収益性

　次に、共同住宅が震度7に耐える耐震化工事を行った場合に、追加していくらなら賃料を支払うかという支払意思額を尋ねた質問に対する平均的な金額の答えを、東京都と宮城県、木造と非木造住宅にそれぞれ分けて表8－1に掲載した。これは、図8－3の各設問の答えであり、数式(2)ではXに当たる。

表8−1　耐震化工事にいくらまでなら家賃を支払ってもいいか（単位：円／月）

	東京都	宮城県
木造	2,705	2,267
非木造	2,786	2,090

　以上により、約84.4％もの人が震度7の地震に耐える共同住宅の耐震化は必要であると考えているものの、耐震化工事をした共同住宅に月々に追加で支払う意思がある家賃はたかだか2,800円であることがわかった。すなわち、住宅の耐震化工事に対する人々の意識と追加で払うことができる家賃にはギャップが存在するのである。

　表8−1から共同住宅の耐震化への支払意思額Xが求まり、第2節の(5)のデータで割引率、住宅の寿命、住宅の耐震化のコストの値を得て、住宅への耐震化工事の正味現在価値（NPV）を表8−2のように算出した。

表8−2　耐震化工事の将来の賃料の増加の正味現在価値（単位：円）

	東京都	宮城県
木造	−1,053,839	−1,342,313
非木造	−1,381,308	−1,574,197

　例えば、宮城県の非木造の共同住宅の耐震化工事に消費者が支払う意思がある金額は、表8−1から月額2,090.116円であり、これを(2)式のXとする。さらに、(2)式で、割引率rは10年もの国債の実質利子率0.2028％とし、nは、住宅の寿命から平均築年数を引いた期間とした。また、住宅の耐震化工事のコストCは、住宅1平方メートルあたり5万円であるので、1戸あたりでは、これに宮城県の非木造の賃貸の共同住宅の1戸あたりの平均的な面積をかけて求めた。したがって、住宅への耐震化工事の正味現在価値は、(2)式から1戸あたり−1,574,197円になる。

　表8−2によると、共同住宅を賃貸する企業が震度7に共同住宅が耐えるよ

うな耐震化工事をした場合、その将来の賃料の増加の正味現在価値は負である
ことがわかる。このような耐震化工事は企業にとって、収益的ではない。

　また、木造住宅、非木造住宅のいずれも、宮城県の方が東京都よりも賃貸住
宅の耐震化工事がより収益的でない、すなわち、正味現在価値が負でありその
絶対値が大きい。これは、宮城県の方が東京都より消費者の住宅の耐震化工事
への支払意思額が低く、かつ、宮城県の賃貸の共同住宅の方が東京都のそれよ
り平均的に面積が広いので耐震化のコストが高いためである。

　さらに、木造より非木造の方が、東京都、宮城県ともに耐震化工事は収益的
でない。これは、非木造の方が木造より面積が広く、コストが高いことを反映
している。

　いずれにせよ、住宅の耐震化工事はその収益が負である。正味現在価値から
みると、企業にとって、既存の賃貸の共同住宅に耐震化工事を実施して、耐震
化された共同住宅の市場に参入する誘因はないことになる。

(3)　耐震化工事への支払意思額に影響を及ぼす要因

　ここでは、消費者が耐震化工事に支払ってもよい金額が何によって変わるの
かをみてみたい。

　図8-5をみると、世帯年収が高いとおおむね耐震化工事の支払意思額も増
えることがわかる。このことは、木造住宅と非木造住宅のどちらについてもあ
てはまる。

　また、図8-6によれば、木造、非木造住宅ともに、50代の回答者の支払意
思額がもっとも低い。これは、50代は、子供の教育費の負担が高く、かつ、老
後の資金へ備える必要性をより強く認識し始める年代であるためであろう。

　自治体への調査からうかがえる自治体が把握していること（朝日新聞
（2017））としては、「高齢世帯の増加が住宅の耐震化を妨げている」ことがあ
る。しかし、図8-6から、耐震化工事への支払意思額の面では、高齢者は50

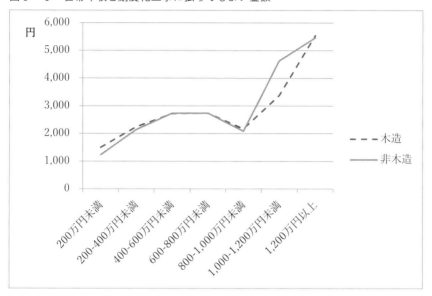

図8-5　世帯年収と耐震化工事に払ってもよい金額

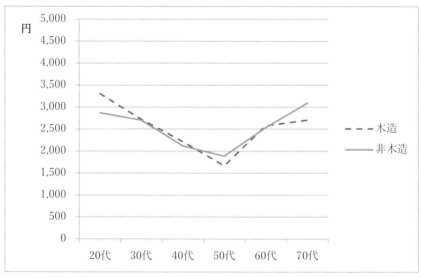

図8-6　回答者の年齢と耐震化工事に払ってもよい金額

代に比べて高いことがわかった。

　さらに、表8－1によると、宮城県の支払意思額の方が東京都の支払意思額を下回っていることがわかる。世帯年収が高いと支払意思額が増えることから、宮城県の支払意思額の方が東京都の支払意思額より低いことの要因のひとつには、東京都の世帯年収の平均が493.45万円であるのに対して、宮城県の世帯年収の平均が426.83万円であり、東京都より低いことがある。

4．住宅の耐震化補助金

(1)　補助金の現状

　住宅の耐震化補助金は、日本全国で、共同住宅では29％の自治体でしか実施していない（国土交通省（2017））。東京都では、84％の自治体が共同住宅に耐震化の補助金を実施している。しかし、茨城県については、共同住宅の耐震化の補助金実施率は2％のみである（国土交通省（2017））。このように、都道府県によって、耐震化の補助金の実施率には大きな差が存在することがわかる。また、全く共同住宅の耐震化の補助を実施していない自治体も存在する（国土交通省（2017））。

　共同住宅の耐震改修事業に対する補助金の金額も、自治体によってさまざまであり、補助金が0円の自治体も存在する。

(2)　住宅の耐震化補助金の案

　本節では、政策的インプリケーションとして、以上の結果に基づいて、まず、東京都と宮城県について、さらには、全国の都道府県について、住宅の耐震化の補助金についての提言を行いたい。

①　補助金の必要性

　賃貸の共同住宅の耐震化工事は、賃貸をする企業にとって収益的ではなく、補助金が必要である。

補助金という政策的支援を、賃貸住宅の耐震化工事に実施する理由として、地震から入居者の命を守るという道義的なことがある。さらに、住宅が耐震化されていないことが外部不経済をもたらしていることが挙げられる。すなわち、住宅が耐震化されていないことで、大地震の際に共同住宅の倒壊で出火する率が2倍になり、居住者による初期消火が減るのである（国土交通省(2000)）。また、共同住宅が地震で倒壊すれば道路を閉塞し、支援物資を運ぶ車両や消防車の通行を阻む。

② 補助金の金額

　補助金の金額は、共同住宅を賃貸する企業が耐震化を実施すべく設定する必要がある。耐震化工事の将来の賃料の増加の割引現在価値とコストの差が正であれば、企業は耐震化を実施して耐震化された賃貸住宅の市場に参入する。よって、耐震化工事の推進に必要な補助金の額は、差を埋めるべく、少なくとも、表8－2の「耐震化工事の将来の賃料の増加の正味現在価値」の絶対値になる。具体的には、補助金の最低限の額は、それぞれ1戸あたりで、東京都の木造の共同住宅では1,053,839円、非木造の共同住宅では1,381,308円、宮城県の木造の共同住宅では1,342,313円、非木造の共同住宅では1,574,197円である。

③ 補助金の必要性の判定方法と補助金の額の設定の手法

　本章で補助金の額を算定した手法を採用することにより、他の都道府県でも賃貸の共同住宅の耐震化工事を推進するために補助金が必要かどうかを判定し、結論が必要となった場合にはその補助金の額を算出することができる。その一般的にあてはまる手法についてまとめると、次のとおりである。

　まず、仮想市場法に基づいて、住宅の耐震化を行う工事についての消費者の支払意思額を計算する。次に、その支払意思額の計算結果を使って、DCF法により、賃貸物件を貸し出す企業が住宅の耐震化工事を行う際に、その正味現在価値が正かどうかによって、補助金の必要性を判定する。さらに、その正味

現在価値が負の場合、正味現在価値の絶対値から、共同住宅の耐震化工事に少なくともどれだけの額の補助金が必要なのかを算定する。

④　補助金の制度設計

　世帯年収が低い人と50代の人の支払意思額が低いことが、前節の分析でわかった。したがって、地方自治体の補助金の設計としては、このような耐震化工事へ追加で家賃を支払いにくい人々が入居する場合に、より手厚い補助金を支給する制度の方が望ましい。このようにするには、例えば、入居者が平均的な人を想定した共同住宅の耐震化工事への補助額は③の手法で設定して耐震化工事を行う企業に補助を行うことで企業の参入を促し、他方で、世帯年収が低い人と50代の人には入居者に個別に補助金をさらに出す方法が考えられる。

5．結論

　住宅の耐震化には、8割を超えた人が行うべきであると答えているものの、企業が賃貸住宅の耐震化の工事を行ったとしても、消費者が月々の家賃として追加で支払う金額は平均的に3,000円にもならないということ、賃貸住宅を供給する企業にとって耐震化工事の収益が負であることが本研究で判明した。これでは、賃貸住宅を供給する企業の住宅の耐震化は、なかなか進まないのである。

　このような現状では、住宅が耐震化されていないことで今後も人命が失われかねないこと、外部不経済をもたらすことから、補助金で住宅の耐震化を進める必要がある。このため、本研究では、補助金の算出方法と、必要な補助金の金額を求める一般的にどの自治体にも適用できる手法を提示した。

＜注＞

⑴　地震リスクにどのような項目があるかは、井関（2002）を参照されたい。

⑵　住宅を賃貸している個人経営者も収益をあげる目的で事業を経営しているため、企業の経営者であるとする。

(3)　ここでは、暗黙に、単一中心都市（monocentric city）のモデルを仮定している。すなわち、大都市周辺にはその都心―東京都では東京駅、宮城県では仙台駅―を中心とした住宅市場が広がっていると想定している。これまでの Hirono（2004）などの研究から、実際に、都心から 1 時間半以上通勤時間がかかる地域では、消費者が消費の際に重要と考える住宅の質が異なるなど別の住宅市場であると考えられるため、都心から 1 時間半以内の所に住む人をアンケートの回答者の条件として設定した。

(4)　アンケート対象者のうち、70代の人は主に年金収入を得ていると考えられるが、年金収入も世帯収入であるため、70代の人もアンケートの対象者とした。

(5)　本研究で、アンケートを依頼した調査会社は、内閣府、日本銀行、総務省、財務省、農林水産省、経済産業省、国土交通省などの公的調査や、研究者の学術調査を多数行っている実績が豊富な会社である。

(6)　賃料は、借家の共同住宅の慣行にしたがって、例えば63,000円のように、千円の単位となるように百の位を四捨五入している。

(7)　共同住宅―例えば、マンション―の価格は、構造が同じであるとすれば、面積、築年数、都心からの距離に依存することが Hirono（2004）でわかっている。このため、支払意思額の設問の文で、これらの水準を住宅の質として設定した。

(8)　実質金利を割引率とした理由は、インフレ率を π、名目金利を r とすると、今年の 1 円の価値は来年には 1 ＋ r － π 円であることである。すなわち、物価の上昇によって、貨幣の価値が目減りするためである。また、住宅の耐震化工事は長期の投資であるため、10年ものの金利を割引率とした。

(9)　共同住宅の耐震化の追加工事を行う手法としては、廊下から各戸の壁に鉄骨のフレーム（鉄骨プレース）をはめ込む、強い構造体で補強するバットレス、建物の外からフレームをはめるアウトフレーム、筋交いをする、増設フレーム、柱の周りに鋼板巻きを施す、RC 壁を新設するといった方法がある。これらのうち、鉄骨プレース、バットレス、アウトフレームは、共同住宅に入居者がいる状態で実施しやすい手法である（新日本リフォーム（2017））。

(10)　本稿のデータは、廣野（2020）によっており、内容・結果も一部重複している。また、耐震化工事への消費者の評価は廣野（2019）によっている。

参考文献

Alonzo, F., "The Benefits of Building Barrier-free: A Contingent Valuation of Accessibility as an Attribute of Housing," *European Journal of Housing Policy*, Vol.2,　No.1, 2002, pp.25-44.

Hirono K. N. "Imperfect Information and the Amount of Housing Ownership." *Pacific Economic Review*, Vol.9, No.4, 2004, Blackwell, pp.335-343.

朝日新聞「住宅耐震　届かぬ目標」2017年1月16日号。

井関泰文「ライフサイクル地震損失コストについて」『土木学会誌』第87巻、第12号、土木学会、2002年、13−14頁。

井上裕『まちづくりの経済学』学芸出版社、2001年。

井堀利宏『公共経済学入門』日本経済新聞社、2005年。

NTTレゾナント「東京都の暮らしデータ」
https://house.goo.ne.jp/chiiki/kurashi/tokyo/　2017年4月6日

木下栄蔵・宮坂房千加・金尾毅他『ビル空調のエネルギー・環境・設備のための統計解析』オーム社、2006年。

栗山浩一『環境の価値と評価の手法—CVMによる経済評価—』北海道大学図書刊行会、1998年。

国土交通省『建設白書』1996年。

国土交通省「密集市街地における耐震改修の推進に向けて—丈夫な家は街を救う—」平成12年度耐震改修推進調査の結果の概要、2000年。

国土交通省「耐震改修に係る補助制度の実施状況（都道府県別総括表）」
http://www.mlit.go.jp/　2017年4月3日

佐藤慶一「平成25年住宅・土地統計調査ミクロデータを用いた住宅耐震化率の推定」リサーチペーパー第42号、総務省統計研修所、2011年9月。

佐藤信二・近藤光男・渡辺公次郎「住宅のバリアフリー化に対する需要と負担の軽減効果に関する研究」『日本建築学会計画系論文集』第592号、日本建築学会、2005年6月、193−199頁。

佐藤慶一・玉村雅敏「仮想市場評価法による家屋の耐震補強工事への住民意識の分析—千葉県市川市におけるケーススタディー」『地域安全学会論文集』No.8、地域安全学会、2006年11月、81−87頁。

新日本リフォーム「ビル・マンションの耐震補強・耐震工事」
http://www.sn-reform.co.jp/reform/earthquakeproof/　2017年1月10日

総務省統計局「平成25年住宅土地統計調査　調査の結果」
http://www.stat.go.jp/data/jyutaku/2013/tyousake.htm　2017年1月20日

耐震ネット「耐震補強にかかわるイニシャルコスト」2017年1月11日
http://www.taisin-neto.com/solution/online_seminer/sindanhokyou/

谷口洋志「震災とコミュニティ」丸尾直美・矢口和宏・宮垣元編著『コミュニティの再生』

中央経済社、2016年、152−169頁。

日本建築防災協会「地方公共団体における耐震診断・改修の支援制度」
　http://www.kenchiku-bosai.or.jp/soudan/sien.html　2017年4月3日

肥田野登　編著『環境と行政の経済評価―CVM（仮想評価法）マニュアル―』勁草書房、
　1999年。

廣野桂子「仮想市場法による住宅の設備の評価」『資産評価政策学』第19巻第2号、2019年
　3月、1−8頁。

――「賃貸住宅の耐震化に向けた補助金額の推計」『地域学研究』第50巻第1号、2020年8
　月（予定）。

山鹿久木・中川雅之・齊藤誠「地震危険度と家賃：耐震対策のための政策インプリケーショ
　ン」『日本経済研究』No.46、2002年、1−21頁。

ヨシザワ建築構造設計『建てる』第7巻、2013年。

第9章

震災被害の波及とリスクシェアリング(1)

1．はじめに

　東日本大震災では、東北地方を中心として、多くの国民の生命および財産のみならず、公的資本ストックと民間資本ストックが大きく毀損した。これにより、著しい供給制約が生じ、被災地の生産に多大なる影響が出、被災地以外ではサプライチェーン(2)（Supply Chain）の寸断による影響および電力供給制約の問題が発生した。

　こうした東日本大震災の影響は、広く全国に波及したものと考えられる。生産資源が密に地域間を行き来するわが国にあって、たとえ被害が局所的であっても、その影響は大域的となる。大規模な自然災害による局所的な資本ストックの毀損と、それによる広域的な所得の変動に対して、今後、どのように対応すべきであろうか。東日本大震災は、自然災害が多発するわが国に対して、このような問いを投げかけるものであったともいえる。

　そこで、この章では、東日本大震災の被害がどのように他地域に波及したかを明らかにし、自然災害の地域間リスクシェアリングのあり方を示す。そのため、まず、内閣府などの試算をもとに東日本大震災の被害を概観するとともに、その地域間波及について既往研究を基にして明らかにする。さらに、これを受けて、自然災害のリスクへの備えとなるリスクシェアリングの考え方とその限界を示したうえで、東日本大震災の復興財政が妥当なものであったか検討

する。最後に、財政の視点から大規模な自然災害に対するリスクシェアリングないしはリスクマネジメントのあり方について示す。

2．東日本大震災の被害

(1) 被害総額

　東日本大震災の経済的な被害額は表9－1に示すとおりであり、資本ストックの被害額は16兆円から25兆円と推計されている。この額は阪神・淡路大震災の約10兆円、新潟県中越地震の約3兆円を上回る規模である。その生産活動への影響は1年間で1.25兆円から2.25兆円程度のGDPの減少とされている。サプライチェーンの寸断による影響をみると、そのGDPへの影響は0.25兆円程度の減少と推計されている。これらの推計には電力供給の制約と福島第一原子力発電所の事故による被害は含まれていないものの、東日本大震災は少なくとも2兆円程度GDPを押し下げる影響があったと思われる。これは、仮に資本ストックやサプライチェーンを再建しないとすれば、東日本大震災がなかった場合と比較して、毎年度GDPが2兆円程度少なくなることになる。将来にわたり毎年発生する利益や費用を現時点での価値に換算するとき、社会的割引率という値が用いられる。この社会的割引率で将来発生することが見込まれる1年当たりの利益や費用を除すことによってこれらの現在価値の概算値が求められる。わが国の公共事業評価では、社会的割引率として4％が用いられているが、この値で東日本大震災によるGDPの減少を震災発生時点の価値に換算すれば、50兆円（＝2兆円／0.04）という金額となる。

(2) 地域別被害

　東日本大震災の経済的被害を地域別にみてみるとどうか。まず、資本ストックへの影響をみてみると、その影響は表9－2のように推計されている。資本ストックの毀損率が47.3％と突出して高い岩手県の沿岸部をみると、約7.5兆

表 9 − 1　　資本ストック被害額推計

	東日本大震災			阪神・淡路大震災		新潟県中越地震
	内閣府（防災担当）推計（2011年6月）	内閣府（経済財政分析担当）推計（2011年3月）		国土庁推計（1995年2月）	兵庫県（1995年4月）	新潟県推計（2004年11月）
		ケース1	ケース2			
建築物等（住宅・宅地、店舗・事務所・工場、機械等）	約10兆4千億円	約11兆円 ※備考2参照	約20兆円 ※備考3参照	約6兆3千億円	約5兆8千億円	約7千億円
ライフライン施設（水道、ガス、電気、通信・放送施設）	約1兆3千億円	約1兆円	約1兆円	約6千億円	約6千億円	約1千億円
社会基盤施設（河川、道路、港湾、下水道、空港等）	約2兆2千億円	約2兆円	約2兆円	約2兆2千億円	約2兆2千億円	約1兆2千億円
その他　農林水産	約1兆9千億円	約2兆円	約2兆円	約5千億円	約1千億円	約4千億円
その他	約1兆1千億円				約1兆2千億円	約6千億円
総計	約16兆9千億円	約16兆円	約25兆円	約9兆6千億円	約9兆9千億円	約3兆円

出所：内閣府『地域の経済2011―震災からの復興、地域再生―』2011年

（備考）1．阪神・淡路大震災については総理府「阪神・淡路大震災復興誌」、兵庫県「阪神・淡路大震災の復旧・復興の状況について（2010年12月）」、新潟県中越地震については新潟県公表資料より作成。

　　　　2．ケース1の建築物の損壊率の想定については津波被災地域を阪神・淡路大震災の2倍程度とし、非津波被災地域を阪神・淡路大震災と同程度とした。

　　　　3．ケース2の建築物の損壊率の想定については津波被災地域をケース1より大きいものとし、非津波被災地域を阪神・淡路大震災と同程度とした。

円あった資本ストックが震災によって約3.5兆円分も毀損したことになる。他の被災県沿岸部の被害については、宮城県は約23.2兆円あった資本ストックが約4.9兆円毀損（21.1％）、福島県は約15.9兆円あった資本ストックが約1.9兆円毀損（11.7％）、茨城県は約68.3兆円あった資本ストックが11.8兆円毀損（17.2％）したことを表9−2は示している。

　このように、被災各県の資本ストックの被害額でみると、東日本大震災の被害の大きさが際立つ。しかし、この影響は被災県にとどまるものではない。生産のネットワークが国内全体に張り巡らされたわが国にあっては、資本ストックの毀損が被災県を越えて他の地域に波及し、間接的な被害をもたらしたものと考えられる。

表9－2　地域別資本ストック被害額推計

対象地域		推定資本ストック（10億円）	推定資本ストック毀損額（10億円）					毀損率（％）
			インフラ	住宅	製造業	その他	合計	
岩手県	内陸部	26,369	457	22	64	211	754	2.9
	沿岸部	7,449	1,943	607	191	781	3,522	47.3
	合　計	33,818	2,400	629	255	992	4,276	12.6
宮城県	内陸部	31,443	856	40	148	551	1,595	5.1
	沿岸部	23,182	2,031	1,446	290	1,130	4,897	21.1
	合　計	54,625	2,887	1,446	438	1,681	6,492	11.9
福島県	内陸部	34,314	630	7	263	370	1,270	3.7
	沿岸部	15,941	1,244	145	151	319	1,859	11.7
	合　計	50,254	1,874	152	414	689	3,129	6.2
茨城県	内陸部	47,827	460	40	175	318	993	2.1
	沿岸部	21,727	766	87	355	275	1,483	6.8
	合　計	69,553	1,226	126	530	593	2,476	3.6
総　計	内陸部	139,952	2,403	109	650	1,451	4,612	3.3
	沿岸部	68,299	5,985	2,285	987	2,504	11,781	17.2
	合　計	208,251	8,387	2,394	1,637	3,955	16,373	7.9

出所：日本政策投資銀行「東日本大震災資本ストック被害金額について：エリア別（県別／内陸・沿岸別）に推計」DBJ News、2011年

　経済学では、労働、土地、資本ストックを本源的な生産要素という。これらに原材料に相当する中間財を加えたものが生産過程にインプットされ、消費や投資の対象となる最終財、すなわち、GDPが毎年、生み出される。したがって、資本ストックの毀損はGDPを減少させることになる。こうしたGDPの減少には、工場などの生産設備が失われたことによって最終財の生産が減少する直接的なもののほかに、資本ストックの減少が中間財の生産の減少を介して最終財の生産を減少させる間接的なものもある。中間財もまた資本ストックを生産要素として生み出されるからである。

　間接的な影響について東日本大震災に即していえば、東北地方において生産されていた中間財の減少が、東北地方のみならず、他の地域における最終財の生産を減少させる形となって現れたことが予想される。しかし、間接的な影響

はこれにとどまらない。ある地域における中間財や最終財の生産額の減少は、需給バランスをくずして、他地域の生産に対する需要を生むからである。こうした需要の増加は、中間財や最終財の生産額を増加させる効果を持つ。したがって、資本ストックの毀損による間接的な影響は、さまざまな生産物に対して需要と供給の双方を考慮して検討しなければならない。

(3) 地域間波及

　東日本大震災の地域間波及効果を分析した研究として林山・阿部・坂本（2012）がある。この研究では、応用一般均衡分析と呼ばれる方法により、東日本大震災にともなう資本ストックの毀損による間接的な影響が計測されている。ここで、評価対象とする災害などのデータには、表9－2に示した日本政策投資銀行（2011）のデータが用いられている。具体的には、被災各県における資本ストックの毀損率だけ被災各県の各産業にインプットされる資本ストックが減少したというシナリオについてシミュレーションが行われている。その結果は図9－1のとおりである。

　図9－1をみると、東日本大震災にともなう資本ストックの毀損は、被災各

図9－1　民間企業設備（資本ストック）の毀損による供給制約がもたらした都道
　　　　府県別実質 GDP の変化（100億円／年）

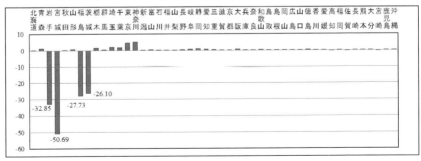

出所：林山泰久・阿部雅浩・坂本直樹「多地域多部門応用一般均衡モデルによる東日本大震災のマクロ経済的被害の計測」『総合政策論集』第11巻第1号、2012年、159－190頁

表9－3　民間企業設備（資本ストック）の毀損による供給制約がもたらした都道府県別産業部門別生産額の変化（10億円／年）

	農林水産業	鉱業	石油・石炭製品	化学製品	窯業・土石製品	鉄鋼製品	非鉄金属製品	機械	自動車	その他製造業	建築・土木	電力	ガス・熱供給	運輸	サービス	全産業部門計
北海道	0	0	0	0	1	0	0	0	0	0	4	0	0	0	-1	4
青　森	1	0	0	-1	-2	0	0	-3	0	-3	22	0	0	-2	-5	7
岩　手	-16	0	0	-3	-3	-2	-1	-17	-9	-29	-101	-4	0	-18	-203	-406
宮　城	-10	0	-4	-5	-5	-7	-2	-25	-3	-49	-157	-6	-1	-37	-358	-670
秋　田	0	0	0	0	0	0	0	0	-1	-2	6	0	0	0	-2	2
山　形	0	0	0	-2	1	0	0	-1	-1	-2	1	0	0	0	-5	-1
福　島	-7	0	0	-9	-3	-1	0	-27	-1	-23	-96	-24	0	-16	-157	-367
茨　城	-4	0	-7	-16	-2	-18	-5	-27	-2	-26	-115	-5	0	-10	-130	-366
栃　木	0	0	0	-3	-1	-1	0	1	-5	-8	24	0	0	-1	-5	0
群　馬	0	0	0	-1	0	0	0	1	-1	-2	6	0	0	0	0	2
埼　玉	0	0	0	-3	-1	-1	0	0	-1	-4	25	0	0	-2	-4	11
千　葉	0	0	-1	-5	0	-9	-1	2	0	0	24	0	0	-2	-4	2
東　京	0	0	0	-5	1	0	-1	-4	2	-3	41	0	0	-2	24	53
神奈川	0	0	-14	-11	-2	-2	0	-1	-1	-2	59	0	0	-4	14	37
新　潟	0	0	0	-1	0	0	0	-8	-1	0	10	-1	0	0	-2	-5
富　山	0	0	0	-1	0	0	0	0	0	-2	4	0	0	0	0	0
石　川	0	0	0	0	0	0	0	0	0	0	1	0	0	0	1	2
福　井	0	0	0	0	0	0	0	-1	0	0	1	0	0	0	1	1
山　梨	0	0	0	0	0	0	0	1	0	0	1	0	0	0	1	1
長　野	0	0	0	0	0	0	0	0	0	0	2	0	0	0	1	5
岐　阜	0	0	0	-1	0	0	0	2	-2	-5	7	0	0	0	3	4
静　岡	0	0	0	-2	0	0	0	3	2	-5	9	0	0	0	1	8
愛　知	0	0	-1	-1	0	0	0	9	-10	-2	6	0	0	-1	-1	-2
三　重	0	0	0	-1	0	0	0	3	-1	-1	3	0	0	0	0	3
滋　賀	0	0	0	-1	0	0	0	0	-1	-1	4	0	0	0	0	1
京　都	0	0	0	0	0	0	0	0	0	0	1	0	0	0	2	4
大　阪	0	0	0	-2	0	-1	0	2	0	0	5	0	0	0	8	13
兵　庫	0	0	0	-1	0	-1	0	-7	0	-1	6	0	0	0	-1	-3
奈　良	0	0	0	0	0	0	0	0	0	0	0	0	0	0	1	2
和歌山	0	0	-1	0	0	-2	0	0	0	0	3	0	0	0	2	2
鳥　取	0	0	0	0	0	0	0	0	0	0	0	0	0	0	1	1
島　根	0	0	0	0	0	0	0	0	0	0	0	0	0	0	1	1
岡　山	0	0	0	-1	0	-2	0	0	0	0	1	0	0	0	1	1
広　島	0	0	0	0	0	1	0	1	-1	0	1	0	0	0	1	3
山　口	0	0	0	-1	0	0	0	0	0	0	1	0	0	0	1	2
徳　島	0	0	0	-1	0	0	2	0	0	0	4	0	0	0	3	8
香　川	0	0	0	0	0	0	0	0	0	0	0	0	0	0	1	1
愛　媛	0	0	0	0	0	0	0	0	0	0	1	0	0	0	1	1
高　知	0	0	0	0	0	0	0	0	0	0	1	0	0	0	1	1
福　岡	0	0	0	0	0	-2	0	1	1	0	1	0	0	0	2	3
佐　賀	0	0	0	0	0	0	0	0	0	0	0	0	0	0	1	1
長　崎	0	0	0	0	0	0	0	0	0	0	0	0	0	0	1	1
熊　本	0	0	0	0	0	0	0	1	0	-2	2	0	0	0	1	2
大　分	0	0	0	-1	0	0	0	1	0	0	1	0	0	0	1	2
宮　崎	0	0	0	0	0	0	0	0	0	0	0	0	0	0	1	1
鹿児島	0	0	0	0	0	0	0	0	0	0	1	0	0	0	1	1
沖　縄	0	0	0	0	0	0	0	0	0	0	0	0	0	0	0	0
全国計	-37	-1	-28	-78	-8	-52	-12	-89	-34	-174	-170	-40	-2	-96	-809	-1,630

出所：林山泰久・阿部雅浩・坂本直樹「多地域多部門応用一般均衡モデルによる東日本大震災のマクロ経済的被害の計測」『総合政策論集』第11巻第1号、2012年、159－190頁

県に対して数千億円程度の実質 GDP の減少をもたらしたことがわかる。岩手県は3,285億円、宮城県は5,069億円、福島県は2,773億円、茨城県は2,610億円の実質 GDP の減少となっている。被災各県以外にも広く影響が及んでいるが、その影響は関東地方を中心におおむね実質 GDP を増加させる結果となっている。これは、被災各県の資本ストックの減少を補うべく、他地域の生産要素への需要が増加したことによるものと考えられる。こうした生産要素の代替は、分析において仮定されている生産関数のパラメーターに依存することには注意が必要であるが、東日本大震災の間接的影響がすべての都道府県においてGDP を減少させるというものではなく、むしろ GDP を増加させることもあることを物語っている。林山・阿部・坂本（2012）によると、実質 GDP の減少は全国合計では1.12兆円であるのに対して、被災地のみの合計では1.37兆円である。

　表9－3は、産業別の生産額への影響を都道府県別に整理したものである。ここでの生産額には最終財のみならず中間財も含まれる。網掛けの部分は、負の数値をとっている生産額の変化である。これをみると、生産額の減少が多くの産業部門で被災各県以外にも及んでいることがわかる。また、網掛けのない部分は、生産額の変化が0以上の数値をとっていることを表す。資本ストック

図9－2　サプライチェーンの寸断による供給制約がもたらした都道府県別実質
　　　　GDP の変化（100億円／年）

出所：林山泰久・阿部雅浩・坂本直樹「多地域多部門応用一般均衡モデルによる東日本大震災のマクロ経済的被害の計測」『総合政策論集』第11巻第1号、2012年、159－190頁

表9－4　サプライチェーンの寸断による供給制約がもたらした都道府県別産業部門別生産額の変化（10億円／年）

	農林水産業	鉱業	石油・石炭製品	化学製品	窯業・土石製品	鉄鋼製品	非鉄金属製品	機械	自動車	その他製造業	建築・土木	電力	ガス・熱供給	運輸	サービス	全産業部門計
北海道	10	2	34	10	-6	3	0	-3	1	52	-57	13	2	20	480	560
青　森	-9	-2	0	0	-14	-9	-6	-107	0	-23	-266	-4	0	-24	213	-253
岩　手	-203	-6	-2	-31	-37	-30	-10	-384	-278	-257	-998	-4	-3	-175	-595	-3,054
宮　城	-98	-5	20	-52	-53	-106	-46	-423	-58	-343	-764	-34	-4	-222	80	-2,109
秋　田	-19	0	0	0	-6	-1	-6	-87	-9	-31	-120	-3	-1	-16	30	-269
山　形	-38	-1	0	-8	-37	-1	-8	-355	-12	-88	-319	-5	-1	-42	-155	-1,070
福　島	-116	-6	-2	-163	-66	-33	-91	-729	-66	-316	-926	-408	-3	-215	-140	-3,279
茨　城	-136	-5	-128	-519	-115	-548	-210	-619	-60	-634	-1,858	-177	-10	-248	-55	-5,323
栃　木	-4	-8	0	16	-16	-16	-3	-36	-106	-72	90	0	0	6	164	14
群　馬	2	2	0	11	-7	0	-2	-82	-96	-6	-26	-3	0	-4	74	-136
埼　玉	1	-1	0	29	-19	-22	-9	-96	-105	1	-52	-1	-2	-32	-61	-360
千　葉	0	1	16	63	2	-123	-24	-28	-2	26	99	3	0	39	293	363
東　京	0	1	2	40	15	-6	-17	-119	6	94	617	27	13	190	3,032	3,893
神奈川	0	0	-50	14	13	-23	-21	-116	-81	20	279	2	-4	0	107	140
新　潟	-4	1	-1	12	-1	-6	0	-150	-16	2	3	-1	0	9	185	31
富　山	1	1	2	14	2	1		-8		-2	0		20	0	4	63	93
石　川	1	0	0	5	1	0		4	-1	10	1	3		0	9	95	129
福　井	1	0	0	6	2	0		-3	-1	9	27	8	0	6	58	113
山　梨	1	0	0	58	0	0		-29	-9	3	-9	0		1	59	23
長　野	-3	1	0	7	0	-2	2	-7	-4	6	-8	-1	0	1	12	2
岐　阜	2	1	0	13	9	2	1	25	-36	-6	89	3	0	16	159	279
静　岡	1	0	0	44	4	0	6	14	-49	15	53	-2	0	0	82	168
愛　知	5	1	11	56	-13	36	2	94	-319	87	105	4	1	40	234	344
三　重	-3	0	72	32	-7	-2	-1	-157	-49	-24	-148	0	0	-4	36	-255
滋　賀	2	0	0	24	15	1	3	-23	-4	19	79	0	0	8	85	210
京　都	2	0	0	8	4	1	0	27	-1	38	31	6	2	15	204	337
大　阪	1	0	20	76	7	13	4	79	4	90	157	12	9	78	1,061	1,611
兵　庫	6	0	2	35	7	16	3	-6	3	79	106	9	1	31	338	630
奈　良	1	0	0	7	1	1	1	12	1	12	21	1	1	7	85	151
和歌山	3	0	6	14	1	8	0	9	0	9	29	2	0	5	75	160
鳥　取	2	0	0	1	0	0		8	0	7	7	1	0	3	40	68
島　根	2	0	0	1	1	3	0	5	1	6	13	4	0	4	56	97
岡　山	4	0	25	39	3	5	2	17	0	33	33	3	0	20	137	320
広　島	3	0	2	22	1	90	2	18	-2	34	10	5	1	22	197	405
山　口	2	1	16	54	4	13	2	13	8	14	11	6	0	13	109	266
徳　島	6	0	0	13	2	2	35	-2	0	21	40	9	0	8	129	262
香　川	1	0	10	4	1	0	52	-4	0	9	14	5	0	19	94	200
愛　媛	5	0	8	20	2	2	4	10	0	31	17	7	0	12	109	228
高　知	3	0	0	2	0	0		4	0	4	5	1	0	4	53	75
福　岡	4	1	2	2	5	9	1	15	6	35	-18	2	0	23	189	301
佐　賀	2	0	0	6	1	0	0	7	-4	14	4	3	0	5	46	86
長　崎	4	0	0	1	1	0	0	0	15	14	6	6	0	9	99	160
熊　本	5	1	0	11	1	1	1	5	0	15	2	0		7	99	152
大　分	4	1	10	22	2	2	5	32	1	9	25	4	0	11	95	224
宮　崎	9	0	0	9	0	0		6	0	14	9	1	0	8	79	136
鹿児島	12	1	0	1	3	0	0	9	0	26	23	5	0	18	144	242
沖　縄	3	0	0	3	0	1	0	0		13	3	0		13	103	152
全国計	-522	-15	79	-1	-284	-719	-322	-3,155	-1,339	-940	-3,508	-524	5	-304	8,075	-3,485

出所：林山泰久・阿部雅浩・坂本直樹「多地域多部門応用一般均衡モデルによる東日本大震災のマクロ経済的被害の計測」『総合政策論集』第11巻第1号、2012年、159－190頁

の毀損が逆に生産額を増加させた様子がみてとれる。生産額の変化を合計すると、1.63兆円／年となる。

　サプライチェーンの寸断による影響はどうであろうか。東日本大震災の被災前に被災地から全国に供給されていた中間財の生産額の減少は約0.5～1.25兆円とされるが（内閣府（2011ｂ））、この分析では、この中間値である0.875兆円だけ中間財の生産額が減少したと想定し、中間財の生産額の減少率を求め、この減少率の分だけ被災地から各都道府県の各産業に供給されていた中間財の生産額が一様に減少したというシナリオを設定している。このシナリオのもとで計算された分析結果は図９－２のとおりである。

　図９－２をみると、被災地からの中間財の供給が減少した影響は、被災地にとどまらず、関東地方や中部地方においてGDPを減少させるほどのものであったことがわかる。図９－２では、地域間代替弾力性が0.4のケースと２のケースが計算されているが、地域間代替弾力性とは、被災地で生産された中間財を他の地域で生産された中間財で代替することができる程度を表す。したがって、地域間代替弾力性が0.4のケースは、それが２のケースと比べると、被災地の中間財が他地域の中間財で代替することが困難であることを表す。図９－２より、地域間代替弾力性が0.4のケースのほうがGDPを減少させる程度が大きいことは明らかである。

３．リスクシェアリング

⑴　リスクシェアリングの考え方

　このように、東日本大震災の影響は広く全国的に及んだことがわかる。資本ストックの毀損は被災地に多大な経済的損失を与えた一方で、被災地以外には産業別にみると、生産額を減少させずに、むしろ生産額を増加させるケースがみられた。GDPは被災地以外でおおむね増加していた。しかしながら、サプライチェーンの寸断では、被災地以外でもGDPの減少が支配的であった。こ

のように、自然災害の発生は局所的であっても、その経済的影響は被災地を越えて大域的な所得の変動をもたらす。

　自然災害の多いわが国では、こうした所得の変動に対してどのように対処すべきであろうか。リスクへの対処としては、グループのメンバー全体の負担により、特定のメンバーにリスクが発現したときの損失を分かち合うリスクシェアリングがある。保険がその具体的な方法となるが、ここで、ミクロ経済学の著名なテキスト（ヴァリアン（2015））に基づき、保険の基本的な機能について紹介しよう。

　ある個人は毎年500万円の所得を稼ぐ。しかし、災害が見舞われると、100万円の被害を受けるリスクがあるとしよう。このような災害が起こる確率は1％であるとする。したがって、この個人は毎年、1％の確率で400万円の所得を手に入れ、99％の確率で500万円の所得を手に入れる。こうした所得の変動をなくすことができれば個人の状況は改善されるであろう。

　いま、災害の有無によらず、p万円の保険料を支払えば、災害にあったとき、1万円の保険金が支払われる保険があるとしよう。つまり、保険料率pの保険である。したがって、災害にあったとき、K万円を受け取りたいならば、p×K万円の保険料を支払えばよい。このとき、この個人は何万円の保険金が支払われる保険に加入するであろうか。K万円の保険に加入したときのこの個人の所得は次のようになる。

災害が発生したときの所得＝400万円＋K万円－p×K万円

災害が発生しなかったときの所得＝500万円－p×K万円

この個人は危険回避的であり、災害の有無によらず、同じ所得を受け取りたいと望むとしよう。上式より、災害が発生したときの所得と発生しなかったときの所得が等しくなるのは、K＝100万円のときである。つまり、この個人は100万円の保険金が受け取れる保険に加入することを望むことがわかる。

　次に、保険料率はどのような値になるだろうか。保険会社の保険料収入は年

間 p × K 万円である。一方で、保険会社は、災害が各個人独立に起こるとすると、平均的にみて 1 年当たり0.01 × K 万円の保険金を支払わなければならない。両者が等しくなるような保険料を公正な保険料というが、これを仮定すると、 p ＝0.01となる。ゆえに、この個人は、0.01×100万円＝ 1 万円の保険料を支払い、保険金100万円を受け取ることができる保険に加入することがわかる。このとき、災害の有無によらず、499万円の所得を受け取ることができるのである。

さらに、保険金がどのように賄われるか検討しよう。いま、1,000人の個人が同様の保険に加入するとしよう。各個人が直面する災害のリスクは先述の個人と同様であり、所得も同様であるとする。災害が起こる確率が 1 ％であるので、 1 年間に災害にあうのは平均して10人である。したがって、毎年平均して1,000万円（＝100万円×10人）の保険金が支払われる必要がある。この費用は、実は公正な保険料のもとで完全にカバーされる。なぜならば、1,000人が災害の有無によらず、 1 万円の保険料を支払うので、常に1,000万円の保険料収入が確保される。もちろん、平均を上回る保険金の支払いが必要になる場合もありえる。しかし、こうした場合に備え、保険金の支払いが平均を下回る場合に生じた余剰資金を蓄えておくことができるであろう。

単純な例ではあるが、この例からリスクシェアリングの意義が確認できる。リスクに直面する主体が公正な保険料のもとで運営される保険に加入するならば、加入者によってリスクがシェアされ、所得の変動をなくすことができるのである。

(2) 大規模な自然災害と保険

しかしながら、大規模な自然災害は、それが起こる確率が低く、その被害額が甚大であるという特徴を持っている。例えば、災害が起こる確率が0.001％（ 1 ／10万）であり、災害が起こると、所得（500万円）を上回る1,000万円の

被害が生じるとしたらどうであろうか。

　このとき、公正な保険料は100円（＝0.00001×1,000万円）であり、そのもとでは保険金1,000万円の保険に加入することが各個人にとって最適な選択である。しかし、毎年の保険料収入はわずか10万円（＝100円×1,000人）である。1,000人のうち1人でも災害にあえば、1,000万円の保険金の支払いが必要になることから、保険料収入の蓄積が不十分なうちに災害が起こってしまうと、この保険金が支払えないという事態が生じることになる。保険料収入の運用による利益を無視すると、1人分の保険金を賄うために、少なくとも100年間、誰も災害にあわずに保険料が積み立てられなければならない。一般に被害額が大きいリスクほど、加入者が多くなければ、リスクを分散できず、保険金を支払うことができない可能性が出てくる。しかし、加入者を増やすにも限界があるだろう。

　また、さらに深刻なのは、大規模な自然災害の場合、それが個人間で独立に起こる事象ではないということである。前節でみたように、東日本大震災は広範囲な所得の変動を生み出していた。これは大規模災害において所得の変動リスクが個人間で独立ではないことを意味する。したがって、保険により大規模な自然災害のリスクに対処しようとすれば、災害が起こり、被害が多数の人々に及ぶことにより、保険金の支払いが莫大になることは避けられない。

(3)　公的保険の必要性

　しかし、これをもって、大規模な事前災害に対するリスクシェアリングとしての保険が全く無意味であるとするのは正しくない。保険が存在するならば、人々にはリスクに対する事前の策として保険に加入して保険料を支払う意思がある。問題となるのは、少なくとも公正な保険料収入だけでは、保険金の支払いを賄えない場合があるということである。ひとつの方法として、このような財源の不足が財政的に賄われるならば、大規模災害に対するリスクシェアリン

グとなりえるであろう。すなわち、保険料収入のみならず租税や公債からの財源を併用した公的保険によって大規模災害に対するリスクに対処するのである。

　実際、わが国では、地震保険に対して財政的な補償が行われている。新熊（2013）によると、日本の地震保険は、民間の保険会社によって住宅総合保険の付帯保険として販売されている。保険金には上限が設けられてはいるものの、保険会社と政府の間で結ばれる再保険契約によって、保険金支払額の一部を政府が負担することになっている。

　ただし、地震保険の対象は、地震等による居住用建物または生活用動産（家財）の損害に限られている。また、直井（2011）が指摘するように、わが国の地震保険の加入率は趨勢的には上昇しているものの、2009年度末時点でも23.0％にすぎない（2015年末時点では29.5％）。これは、発生頻度の低い自然災害のリスクが十分に認知されにくいことに加えて、そうしたリスクがしばしば無視されがちであることの表れであると考えられる。したがって、地震保険による自然災害リスクのカバーは限定的である。今後は、自然災害全般を対象とした公的保険の導入を検討する余地があると考えられる。

　また、自然災害によって被害を受けるのは、個人レベルの所得や資産のみではない。東日本大震災では、水道、ガス、電気といったライフラインや、道路、港湾、空港といった社会基盤も大きな被害を受けた。こうした都道府県レベルないしは市町村レベルのリスクへの対処も重要な課題である。これに対するひとつのアイデアとしては、自治体レベルでの公的保険の導入が挙げられる（横松（2005）や坂本・林山（2012））。国は自然災害が発生したときに自治体に対して支払う保険金ないしは財政移転のスキームを明確にした公的保険を用意し、それに対する加入を自治体に促す。加入自治体が負担する保険料は例えば国レベルでの基金とし、自然災害が生じた際の財源の一部とするのである。自然災害のリスクが高いことに加え、高齢化により歳出が増加し、巨額の政府

債務を抱えるわが国にあっては、自然災害により発生する巨額の財政負担にどのように対処するかが課題である。その方法として、地方自治の観点に立ち、自発的ないしは分権的意思決定を前提とした自治体間のリスクシェアリングが財源の確保の意味でも有効であると考えられる。

(4) 復興財政

　こうした公的保険の導入は、個人または自治体に災害に備えた行動を促すものである。しかし、自然災害への対応は事後的となりがちである。実際、東日本大震災直後の政府の対応は、決して迅速なものではなかった。一方、東日本大震災では、復興事業に必要な経費について事業を行う各省庁等に予算を計上して復興事業を行う東日本大震災復興特別会計が設置されている。この特別会計の歳入と歳出は、図9－3のとおりである。復興財源は、復興債の発行、所得税と法人税の増税による復興特別税収、国の一般会計からの負担によって賄われている。こうした事後的な財源措置は、東日本大震災のような予測が困難

図9－3　東日本大震災復興特別会計の仕組み

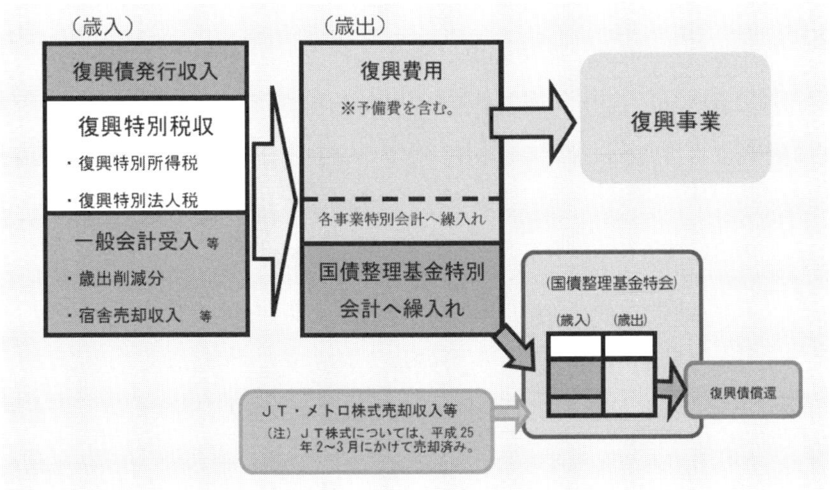

出所：財務省HP

な大災害に対してはやむを得なかった面は否めない。しかし、国民にとって意図しなかった復旧・復興財源の負担が長期にわたって日本経済に及ぼす影響は少なくない。今後は、自然災害のリスクの発現に事前的な意味での備えのある財政システムの構築が不可欠であると考えられる。

さらに、自然災害に対する事後的な対応は、費用対効果の見極めが甘くなり、過大な財政支出を生みがちである。東日本大震災では、東日本大震災復興交付金事業が設けられた。東日本大震災復興交付金は、形式的には国庫支出金の一種であり、限定された事業の実施のために国が負担する資金であるが、実施主体である市町村の負担分は全額、震災復興特別交付税によって補てんされている（佐々木（2014））。こうした事後的で手厚い財政支援は、過大な財政需要を生み出すことにもなりかねない。

4．自然災害のリスクマネジメント

前節では、リスクシェアリングの考え方を説明し、自然災害のリスクに対する公的保険の導入について検討した。さらに、東日本大震災の復興財政について概観したうえで、事後的な財源措置の問題点を指摘し、自治体への手厚い財政支援がもたらす過大な財政支出についても言及した。それでは、自然災害への事前の備えとして、いかなる対策が必要であろうか。

局所的な自然災害に対するリスクマネジメントのあり方を検討した研究として横松（2005）がある。この研究では、自然災害により社会基盤の復旧費用を負担しなければならないリスクに直面する「危険地域」と、そうしたリスクのない「安全地域」を想定し、理論的な分析がなされている。さらに、人々がこれら地域の間を自由に移住することができ、危険地域では自然災害に備えた防災投資を行うことができるという長期的な視点から導入されている。以下では、この研究の成果をもとにして、局所的な自然災害に対するリスクマネジメントのあり方を探ることにしたい。

⑴　防災投資

　はじめに、防災投資について検討する。防災投資は被害が発生する確率を低下させる効果を持っている。例えば、堤防などの防災施設を整備しておけば、災害時の被害が減少し、社会基盤等の復旧費用を軽減できる。こうした防災投資を「危険地域」が積極的に行うべきであることはいうまでもないが、これを「危険地域」のみに任せたとき、投資額は十分なものとなるであろうか。

　わが国の地方交付税制度における特別交付税がそうであるように、災害時には災害復旧のための財源が国の財政を通じて被災地に配分される。こうした事後的な財源配分が制度的に予定されているとき、災害時の財政負担が国の財政を介して「安全地域」にも間接的に及ぶことになる。つまり、「安全地域」の住民による国税の負担も災害復旧のための財源として用いられるわけである。東日本大震災においても、東日本大震災復興特別会計の財源として復興増税や一般会計からの繰り入れ、さらには復興債が用いられた。これらは「危険地域」のみならず、「安全地域」の住民の負担にもなる。

　したがって、防災投資は、災害時に「危険地域」の被害を軽減するだけではなく、「安全地域」による財政負担を軽減する効果も持つ。しかし、「危険地域」において防災投資が実施されるとき、地方自治体は地方自治の観点から前者を考慮するだろうが、後者は考慮しないであろう。国レベルでは後者も考慮した防災投資が望まれるが、それを促すにためには何らかの政策が必要となる。

　「危険地域」に一層の防災投資を促す政策としては、防災投資への定率補助金が考えられる。防災投資が「安全地域」に与える便益、すなわち、防災投資によって災害時に「安全地域」にも及ぶ財政負担が軽減される便益を織り込んだ補助率が設定されれば、防災投資は望ましい水準となる。

　ただし、ここでいう定率補助金は事後的に給付されるものではないことに注意を要する。この定率補助金はあくまでも災害が起こる事前の段階において給

付されるものでなければならない。災害が起こる前に防災投資へのインセンティブを与えることがこの定率補助金の意図するところであり、災害が起こった後に給付される補助金では逆に、「災害待ち」のインセンティブを生み出しかねない（佐藤・宮崎（2012））。ここで、「災害待ち」とは、事前の公共事業に対する補助率よりも事後の災害復旧時における補助率が大きいため、事前における減災投資や公共事業を過小にし、災害が起きるまで公共事業を待ってしまう現象とされる。さらに、事後的な定率補助金は、前節で触れたように復旧・復興事業への過大な財政支出を招くこととともなる。同じ定率補助金であってもターゲットが事前であるか事後であるかによって効果が全く異なることはリスクマネジメントの手段として防災投資を考える際に具備すべきである。

(2) 公的保険

　前述したように、地域間で災害リスクを分散させる方法としては、自治体を加入者とする公的保険の創設が考えられる。公正な保険料のもとで中央政府が提供する公的保険に対して、「危険地域」の自治体がフルカバーする保険契約、すなわち、災害時の被害額を保険金とする保険契約に加入するとしよう。ここで、保険金は「安全地域」の負担により賄われるとする。このような保険への加入によって災害の有無によらず「危険地域」の消費が平準化されることは前節から明らかであろう（前節では「消費」ではなく「所得」であったが同様に考えてよい）。

　しかし、「安全地域」では災害時に「危険地域」に対する保険金を負担することによって消費が変動することになる。「危険地域」と「安全地域」からなる社会において、「安全地域」が災害時に「危険地域」で生じる被害額を負担することは当然のことのように思われる。しかし、この公的保険のもとでは、「危険地域」のリスクが完全に「安全地域」に移転されてしまい、「安全地域」における消費の変動を生んでしまうのである。

さらに、「危険地域」では、災害の有無によらず消費が平準化されるため、防災投資のインセンティブが生まれない。なぜならば、そもそも防災投資による便益は災害時における消費の減少を回避することにその誘因があるから、公的保険により災害が消費を減少させない以上、「危険地域」における防災投資は無意味となってしまうのである。したがって、公的保険と防災投資を併用する場合には、単に消費を平準化するのではなく、むしろ災害時に発生する被害額を事後的に負担することを許容して、災害時よりも平時の消費水準を高め、防災投資のインセンティブを与えることが社会的には望ましいことになる。そのためには、防災投資に対する定率補助金に加えて、一般財源として定額の地域間財政移転を行うことによって「危険地域」における平時の消費水準を高める必要がある。

⑶　災害による所得の変動

　東日本大震災においては局所的な災害によって広域的な所得の変動が生じた。所得の変動と災害復旧費の負担に同時に対処しなければならない状況下ではどのようなリスクマネジメントが必要であろうか。

　こうした問題を取り扱った研究として坂本・林山（2012）がある。この研究では、Ihori（1999）に依拠した理論的な分析が行われている。具体的には、災害リスクが発現したときに便益をもたらす災害復旧費が被災地には大きな便益をもたらすものの、被災地以外には少ない便益しかもたらさない状況が設定されている。さらに、災害による所得の変動が考慮されている。防災投資は考慮されていないが、事後的に発生する災害復旧費をどのように地域間で分担するかという問題もリスクマネジメントの観点から重要な論点であると思われる。以下では、この問題に関して坂本・林山（2012）に基づいて検討する。

　はじめに、事後的に負担せざるを得ない災害復旧費について、被災地とそれ以外の地域で負担ルールを事前に決めておくことにした場合はどのようなこと

がいえるだろうか。この場合、災害復旧費が国レベルでみて過小になってしまう。これは、各地域が災害復旧に対して自地域の便益しか考慮しないため、災害復旧費の決定が国全体の便益を踏まえたものにならないためである。例えば、極端なケースとして、被災地のみの負担で災害復旧がなされるとしよう。このとき、被災地以外の地域もこの災害復旧による便益を享受することになる。つまり、被災地以外の地域には被災地の負担による災害復旧にただ乗りするインセンティブがある。さらに、坂本・林山（2012）により検討されたように、こうしたただ乗りのインセンティブは、災害復旧によって被災地以外の地域が享受する便益が大きいほど強くなる。

しかし、このただ乗りの問題は所得の変動に対する公的保険の導入により緩和される。これは、公的保険が公正な保険料のもとで運営されるため、各地域において災害の有無による所得の変動が平準化されることによるものと考えられる。したがって、災害が生起する前段階で災害復旧費の分担ルールを決定する際にも、公的保険の導入は有効である。

5．おわりに

この章では、まず、内閣府などの試算を参考に東日本大震災の被害を概観するともに、その地域間波及について既往研究をもとに明らかにした。東日本大震災の被災の範囲は東北地方を中心とする限定されたエリアであり、その意味で局所的ではあったが、資本ストックの毀損やサプライチェーンの寸断がもたらしたGDPや生産額などへの影響は広く全国に及ぶ大域的なものであった。

さらに、自然災害のリスクへの備えとなるリスクシェアリングの考え方を示し、大規模な自然災害はその被害額が甚大であることから、公正な保険料の収入に加え、財政的な財源措置のある公的保険の必要性を指摘した。また、東日本大震災の復興財政に言及し、事後的な財源措置は意図せざる負担を国民に強いることになることや、被災地に対する手厚い財政支援が住民のニーズを超え

た過大な財政支出を生み出す可能性があることを述べ、事前的な対策の必要性を示した。

　また、財政の観点から大規模な自然災害に対するリスクシェアリングないしはリスクマネジメントに関して、既往研究をもとにして、そのあり方を探った。中央政府は、防災投資に対する定率補助金とともに、定額補助金を自治体に給付し、あわせて自治体に対して公的保険を提供することにより、最適な防災投資を促すことができる。また、東日本大震災のように災害によって所得が変動するような場合には、こうした所得の変動に対する公的保険を導入することにより、事前に災害復旧費の分担ルールを決定する際に生じるただ乗り問題が緩和される。

　「東日本大震災からの復興の基本方針」は事後的な復興策を示したものである。災害発生時には政府が今後もこうした基本方針を示す必要があることはいうまでもないが、リスクシェアリングを備えた制度の構築についても、災害発生時に効率的で有効な復興策を講じるうえで重要である。巨額の政府債務を抱えるなかで、自然災害のリスクも高いわが国においては、事後的な対応に陥らないよう、自然災害に対するリスクシェアリングについて検討すべきである。

<注>
⑴　本稿は、日本学術振興会科学研究費補助金・基盤研究(B)（研究代表者：増田聡（東北大学）、研究課題番号：16H03608）の助成を受けている。
⑵　サプライチェーンは「供給網」などと訳され、その寸断は生産過程で必要な原材料に相当する中間財の輸送が滞ることを意味する。

<参考文献>
ヴァリアン（佐藤隆三監訳）『入門ミクロ経済学（原著第 9 版）』勁草書房、2015年。
小林航「防災投資と政府間機能配分の経済理論」『フィナンシャル・レビュー』　平成24年第 1 号（通巻第108号）、2012年、101－111頁。
坂本直樹・林山泰久「震災復旧・復興事業における財源調達に関する一考察：相互保険によ

る分権的リスクシェアリング」『会計検査研究』第45号、2012年、85-102頁。

佐々木伯朗「復興財政の検証—宮城県を中心として—」東北大学大学院経済学研究科地域産業復興調査研究プロジェクト編『東日本大震災Ⅲ震災復興政策の検証と新産業創出への提言』河北新報出版センター、2014年、132-147頁。

佐藤主光・宮崎毅「政府間リスク分担と東日本大震災の復興財政」『フィナンシャル・レビュー』平成24年第1号（通巻第108号）、2012年、30-53頁。

内閣府『地域の経済2011—震災からの復興、地域再生—』2011年 a 。

内閣府「東北地方太平洋沖地震のマクロ経済的影響の分析」月例経済報告等に関する関係閣僚会議、震災対応特別会合資料、2011年 b 。

直井道生『自然災害リスクの経済分析—家計による地震発生リスクの評価と危険回避行動—』公益財団法人三菱経済研究所、2011年。

日本政策投資銀行「東日本大震災資本ストック被害金額推計について：エリア別（県別／内陸・沿岸別）に推計」DBJNews、2011年。

林山泰久・阿部雅浩・坂本直樹「多地域多部門応用一般均衡モデルによる東日本大震災のマクロ経済的被害の計測」『総合政策論集』第11巻第1号、2012年、159-190頁。

横松宗太「多地域経済システムにおける分権的リスクマネジメント」多々納裕一・髙木朗義編著『防災の経済分析—リスクマネジメントの施策と評価』第15章、2005年、258-275頁。

Ihori, T., "An Economic Analysis of Public Transfer," *Japanese Economic Review*, Vol.15, No.1, 1999, pp.46-61.

■編著者紹介

廣野　桂子（ひろの　けいこ）

日本大学経済学部　教授

1991年一橋大学大学院経済学研究科博士後期課程単位取得退学。イェール大学・経済学修士取得。博士（経済学）。城西大学経済学部助教授、日本大学大学院グローバル・ビジネス研究科教授を経て、2015年より現職。

【主な業績】

『住宅の質に関する経済分析―政策の理論と実証―』多賀出版、2012年。

『ECO シティ―環境シティ・コンパクトシティ・福祉シティの実現に向けて―』（共編著）、中央経済社、2010年。

"Housing Policy for Utilization of Existing Housing" (Pacific Economic Review, 2010).

矢口　和宏（やぐち　かずひろ）

敬愛大学経済学部　教授

1998年慶應義塾大学経済学研究科博士課程単位取得退学。修士（経済学）。ライフデザイン研究所（現　第一生命経済研究所）研究員、東北文化学園大学教授などを経て、2017年より現職。

【主な業績】

『コミュニティの再生』（共編著）、中央経済社、2016年。

「復旧・復興策の政策実施過程における論点」『公共選択』第59号、2013年。

『ECO シティ―環境シティ・コンパクトシティ・福祉シティの実現に向けて―』（共編著）、中央経済社、2010年。

■執筆者紹介（執筆順）

廣野　桂子（ひろの　けいこ）・・・1章、8章

編著者紹介参照

矢口　和宏（やぐち　かずひろ）・・・1章、2章、4章

編著者紹介参照

矢尾板　俊平（やおいた　しゅんぺい）・・・3章

淑徳大学コミュニティ政策学部　教授

『地方創生の総合政策論："DWCM" 地域の人々の幸せを高めるための仕組み、ルール、マネジメント』勁草書房、2017年。

『世の中の見え方がガラッと変わる経済学入門』（共著）、PHP 研究所、2016年。

「まちづくりとコミュニティ」『コミュニティの再生』（丸尾直美・宮垣元・矢口和宏編著）、中央経済社、2016年。

野坂　美穂（のさか　みほ）・・・3章

多摩大学経営情報学部　准教授

『世の中の見え方がガラッと変わる経済学入門』（共著）、PHP 研究所、2016年。

「サービスラーニングにおける大学と地域連携の在り方：被災地支援活動に対する地域コミュ

ニティの視点を通じて」『淑徳大学サービスラーニングセンター年報』第 4 巻、2014年。
「被災地支援活動における官民連携のあり方―救援物資供給の事例―」『地域活性研究』第 5 巻第 1 号、2013年。

若林　真衣子（わかばやし　まいこ）・・・5 章、6 章
東北文化学園大学助教を経て、学校法人日本教育財団東京通信大学人間福祉学部助教（精神保健福祉士・社会福祉士）
「アルコール依存症者の回復過程における自己意識の変化について」『保健福祉学研究』第14巻、2016年。
「仙台市における依存症支援のネットワーク形成史―Ｔ病院と自助グループの協同関係に注目して―」『東北文化研究室紀要』56巻、2015年。
「回復期アルコール依存症者における自己意識の性差に関する検討―自助グループ会員を中心に―」（共著）、『リハビリテーション連携科学』8 巻 1 号、2007年。

生駒　忍（いこま　しのぶ）・・・5 章、6 章
川村学園女子大学　非常勤講師
「発達障害と高等教育」『クローズアップ　学校』（藤田主一・浮谷秀一編）18章、福村出版、2015年。
『健康心理学・福祉心理学問題集119』デザインエッグ、2015年。
「体力は経済力とは無関係に学力と相関する―小・中学生全国調査データの定量的検討―」『チャイルド・サイエンス』第 7 巻、2011年。

亀谷　祥治（かめたに　しょうじ）・・・7 章
前　日本大学大学院グローバル・ビジネス研究科教授
「スリランカの投資促進政策とファイナンス環境に関する研究」『グローバリゼーション研究』Vol.14 No.1、工業経営研究学会グローバリゼーション研究分科会、2017年。
『経営計画策定とファイナンス戦略』日刊工業新聞社、2007年。
「ファイナンスアプローチによる不動産証券化に関する一考察」『展望日本の不動産証券化』（久保田勇夫編著）、大成出版社、2000年。

坂本　直樹（さかもと　なおき）・・・9 章
山形大学人文社会科学部　准教授
「国・都道府県レベルにおける歳入・歳出構造について」（共著）、『応用経済学研究』第 6 巻、2013年。
「震災復旧・復興事業における財源調達に関する一考察：相互保険による分権的リスクシェアリング」（共著）、『会計検査研究』第45号、2012年。
「道路整備による死亡リスク削減便益の計測：ウツタイン統計データによる救命曲線の推定」（共著）、『高速道路と自動車』第54巻第10号、2011年。

東日本大震災から10年
再生・発展における課題の分析
―経済分析とメンタルケアの視点から―

2020年6月10日　第1版第1刷発行

編著者　　廣野　桂子・矢口　和宏
著　者　　矢尾板俊平・野坂　美穂
　　　　　若林真衣子・生駒　　忍
　　　　　亀谷　祥治・坂本　直樹

発行者　　箕　浦　文　夫

発行所　　株式会社大成出版社

〒156―0042
東京都世田谷区羽根木1―7―11　TEL 03（3321）4131㈹
https://www.taisei-shuppan.co.jp/